新潮新書

芹澤健介
SERIZAWA Kensuke

# コンビニ外国人



767

新潮社

# はじめに

本書を手に取った方は、すでにコンビニエンスストアのここ数年の変化にお気づきだろう。

いまや全国に五万五〇〇〇店舗以上を数えるコンビニは、どこへ行っても〝当たり前の存在〟である。

二十四時間オープンの売り場には弁当や飲み物がぎっしり陳列されているだけでなく、USBメモリから冠婚葬祭のネクタイに至るまで、突然の「しまった、アレがない！」という状況にもかなりの確率で対応してくれる。

もちろん〝買う〟以外のサービスも充実している。ATMがあれば真夜中でも現金を下ろすことができるし、公共料金の支払いや宅配便の受付は当然のこととして、最近はマルチコピー機で名刺を作ったり、住民票の写しや印鑑登録証明書をプリントアウトすることも可能だ。近くにコンビニがあれば、わざわざ遠くの印刷所や役所まで行く必要もない。

コンビニはまさに現代日本人の生活に密着した〝近くて便利〟な社会インフラである。コンパクトで高機能という点も、ある意味で日本を象徴するスタイルだろう。

同じ小売業でも、百貨店やスーパーなどは売り上げや事業所数が減っているのに対し、コンビニ業界はこの数年でさらに勢いを増して拡大、成長を続けている。業界全体では一〇兆円を超える巨大なマーケットを誇る。

そんなコンビニにいま〝異変〟が起きている。とくに都心のコンビニではその変化が顕著だ。

四国に住む友人は、東京のコンビニの劇的な変化を見て「最初はビックリした」と言う。

「だってインド人みたいな人がレジにいて、『お箸は何膳にしますか?』とか日本語もペラペラだし、外国人のスタッフ同士の会話も日本語でしょう。出張で上京するたびに外国人スタッフの数が増えてる気がするけど、彼らを見ると『東京に来た!』って実感するんだよね。でも、最近になって、地元（徳島）のコンビニでもちらほら増えてきた気がする」

彼が言う〝インド人みたいな人〟というのは、おそらくネパール人かスリランカ人のことだ。

東京二十三区内の深夜帯に限って言えば、実感としては六〜七割程度の店舗で外国人が働いている。昼間の時間帯でもスタッフが全員外国人というケースも珍しくない。名札を見るだけでも、国際色豊かなことがわかる。

しかも、この傾向はいま急速に全国に広がりつつある。大阪、神戸、名古屋の栄、福岡の中洲・天神といった繁華街のコンビニでは、すでに外国人スタッフは珍しい存在ではなくなっているし、今回取材で巡った沖縄でも実に多くの外国人がアルバイトとして働いていた。

全国のコンビニで働く外国人は大手三社だけで二〇一七年に四万人を超えた。全国平均で見るとスタッフ二十人のうち一人は外国人という数字である。

こうした状況が広がる背景には、コンビニ業界が抱える深刻な問題がある。

人手不足である。

現実として全時間帯で常に人手が足りない店舗もあり、業界内では「二十四時間営業を見直すべき」という声も出始めている。しかし、いまのところ大手各社が拡大路線を取り下げる気配はない。

業界最大手のセブン-イレブン・ジャパンの古屋一樹社長は、雑誌の取材に対して「二十四時間営業は絶対に続けるべきだ」と明言し、「加盟店からも見直すべきという要望は上がってきていない」としている。

業界第二位のファミリーマートと第三位のローソンは、深夜帯に一定時間店を閉めたり、無人営業をするといった実証実験をはじめているが、業界トップのセブン-イレブンが「絶対に続ける」と言っている限り、深夜営業を取りやめることは難しいだろう。店舗もこれからまだまだ増えていくはずだ。ローソンは、二〇二一年までには現在より四〇〇〇店舗多い一万八〇〇〇店舗まで規模拡大する意向を示している。

しかし、そうした拡大路線が続く一方で、人手不足にあえぐ〝現場〟では疲弊感が広がっているのも事実だ。

東京・世田谷区でコンビニを経営するオーナーは、「店の前にバイト募集の貼り紙を出して一年以上になるけど、まったく反応がない」と嘆く。

「平日の昼間なら時給で九六〇円、深夜なら一二〇〇円以上提示しても日本人はなかなか来ない。そもそも日本人の若い子の数が減っているし、(アルバイト情報サイトに)求人広告を出しても反応は鈍い」

どうしてもシフトに穴が空いてしまう場合は、深夜でもオーナー自身が対応しているそうだ。

「これまで外国人を雇ったことはないが、今後は考えていかないと店が回っていかない。自分の身体も心配だ」

ちなみに東京都の最低賃金は時給九五八円(二〇一七年十月)である。コンビニの新人アルバイトの時給は限りなく最低賃金に近い。このあたりのことを大学生の甥に聞くと、「コンビニは安いからあまり働きたくない」「同じ時給だったらカラオケボックスのほうがラクでしょ」という答えが返ってくる。正直な答えだろう。まわりでもコンビニで働いている友人はいないらしい。

一方、外国人スタッフは「コンビニのバイトは、対面でお客さんと話す機会が多いので日本語の勉強にもなる」「日本の文化を勉強するにもいい。だから工場で働くより楽しいし、効率的」「お店によっては廃棄のお弁当を食べていいから食費も浮く」という。日本人が敬遠するコンビニのアルバイトを外国人が引き受けているようにも感じる。言い換えれば、現代の日本人は、外国人の労働力によって便利な生活を享受しているということになる。

今回、コンビニで働く外国人や周辺の日本人を取材して、数多くのインタビューを試みた。日本各地をまわり、ベトナムにも足を運んだ。

とりわけ印象深く耳に残っているのは、現在、東京大学の大学院で経済を学んでいるベトナム人留学生、レー・タイ・アイン君（24）の言葉だ。五年近くコンビニで働いた経験がある。正直なところ、彼と会うまでは、東大の大学院に進むようなエリートがコンビニで働いているとは思わなかった。

アイン君は「日本のことは好きですし、これからもずっと日本と関わっていきたい」と言うが、言葉はまっすぐで辛辣だ。

「いま日本には外国人が増えて困るという人もいますが、東京オリンピックが終わったらどんどん減っていくと思います」

そう考える理由を教えてくれた。

「ソウルオリンピック（一九八八年）以降の八大会（夏季）で、開催国の成長率が前年と比べて上昇したのはアトランタオリンピック（一九九六年）だけです。アトランタ大会を開催したアメリカは、大会後にＩＴ革命が起こって経済成長を牽引したと言われています。しかし、いまの日本にそのような起爆剤は見込めません。ですから、おそらく東京オリンピックの後は、日本は不況になります。しかも、日銀の超低金利もオリンピック後には上昇する見込みで、企業の資金調達も困難になると思います。同時に日本はすでに労働人口も減り続けているので、本来は外国人の労働力をうまく使わないと経済成長できませんが、外国人はきっと増えません。なぜなら日本は外国人労働者の受け入れ制度が整っていませんし、多くの外国人が『日本は不況だから稼ぐのは難しい』『人手不足で残業が多くなるのはイヤだ』と考えるからです。そうなるとより多くの労働力が減って、日本の経済はますます傾いていくでしょう」

もし、アイン君の予見通りなら——、オリンピックだ、おもてなしだ、と言って浮かれている場合ではなさそうだ。早急に祭りの後のことを考えなければならない。

だが、本書では、「外国人労働者（＝移民）の受け入れに賛成か、それとも反対か」という単純な議論を煽るつもりはない。

答えはきっと、その先にあるからだ。

いま、コンビニだけでなく日本の至る所で外国人が働いている。スーパーや居酒屋、深夜の牛丼チェーン店で働く外国人もいる。一般の日本人の目には触れない農場や工場、介護施設などで働いている外国人も大勢いる。好むと好まざるとにかかわらず、現実としてわたしたちの生活は彼らの労働力に依存している。

〝コンビニで働く外国人〟は、おそらく、もっとも身近な外国人労働者であり、雇う側からすると〝便利〟な労働力だ。彼らをさまざまな角度から見ていくことで、彼らが暮らしている社会、すなわち日本という国の実相や課題が自ずと浮かび上がってくるに違いない。

世界に先駆けて本格的な人口減社会に突入し、あらゆる方面で縮小をはじめた国の、今後の可能性について考える一助にしてもらえれば幸いである。

# コンビニ外国人◇目　次

# 第一章　彼らがそこで働く理由

## 「日本に来たかったから、がんばりました」

いま、セブン-イレブンをはじめとするコンビニ各社は、加盟店向けに外国人雇用の説明会を開いたり、多言語対応のマニュアルを作成したりするなど、急ピッチで外国人スタッフの受け入れを進めている。

コンビニで働く外国人が増えている実態を反映して、テレビのコマーシャルにも外国人スタッフが登場するようになった。

ファミリーマートは、二〇一七年から看板商品のフライドチキンをモチーフにしたキャラクター「ファミチキ先輩」を打ち出してキャンペーン展開しているが、そのＣＭにはベトナム人スタッフが登場する。

同社のホームページによれば、アルバイトのミンさん（22）は、「ベトナムからの留学生。ベトナムにもファミマがあるので昔からファミマが好き。由緒ある家の生まれ。現在、東京の大学院に通っている」とのこと。大方、実情を反映したキャラクター設定だろう。

また、ローソンは他社に先駆けてすでに海外に専用の研修施設を作っている。ベトナムと韓国に計五カ所の研修施設を設置して、日本の文化や店舗作業の事前研修を行っているのである。現地の研修施設でレジ打ちや接客の基本を身に付けてもらい、すぐに店頭で働ける即戦力を育てる狙いだ。

現在、都内のローソンでアルバイトをしているグェン・ホン・ニュンさん（19）も、ハノイの研修施設でトレーニングを経験した留学生である。ベトナムの語学学校で約半年間日本語を学び、従姉妹と一緒に日本へ来た。両親は化粧品の販売店を経営している。来日して四カ月というタイミングでアルバイトの様子を見学させてもらった。

取材の日、彼女はバックヤードでソースカツ丼の作り方を教わっていた。レジを任せるにはまだ少し早いという現場の判断で、主に厨房業務を担当しているという。

衛生用の帽子にマスク、ビニールの手袋という格好で慎重にキャベツの千切りの重さ

（きっちり二十グラム）を量り、弁当の容器に盛りつけていく。

終業後に話を聞いた。

「いまは、いとこと、二人で、アパートに、すんでいます」

日本語がまだぎこちない。

「（墨田区）りょうごくの、日本語学校にかよっています」

「おまつりで、学校の先生と、ぼんおどりをしたのが、たのしかったです」

「日本がすきです。日本に来たかったから、日本語のべんきょうも、がんばりました」

ニュンさんの日本語は日本語能力試験（ＪＬＰＴ）のレベルでは「Ｎ４」。こちらの言っていることはだいぶ理解できるが、会話はゆっくりになりがちだ。

日本語能力試験はほとんどの留学生が受けるテストで、日本語の知識と運用能力を測るもの。受験者は年々増え続けており、二〇一七年には国内外合わせてはじめて一〇〇万人の大台を超えた。

初歩レベルの「Ｎ５」から五段階にわかれており、「Ｎ４」は「基本的な日本語を理解することができる」程度。ほとんどペラペラに話せるなら「Ｎ２」レベル、「Ｎ１」は同時通訳ができる高度なレベルである。

ためしに公式サイトで「N1」の模擬試験に挑戦してみたが、ライターの自分がうっかり何問か間違えた。「読解」や「聴解」ではかなり微妙なニュアンスを尋ねる問題もあり、「N1」は高校二年生程度の現代文のレベルと考えるのが妥当だろうか。ちなみに、NHKの国際放送でレポーターや翻訳を担当しているアメリカ人の同僚も「N2」である。「N1」がかなり難しいことがわかるだろう。

いま「N4」のニュンさんは、「日本語がうまくなったら、大学に入って、しょうらいはつうやくになりたいです」と夢を語る。

ローソンの店舗スタッフなどの人材・派遣業務を請け負っている関連会社・ローソンスタッフでは、ニュンさんのような留学生に対して日本でも最低三十時間以上の実地研修を行いながら、日本語能力に応じて職場を紹介しているという。

研修の担当者にも話を聞いた。

トレーナーの潘鈴さんは中国・福建省出身だ。長崎の短大を卒業後、東京の大学で国際経済を学び、ローソンスタッフに入社。「N1」の資格をもつ彼女の日本語には淀みがない。

「ニュンさんはまだ研修三日目ですが、勤務態度も真面目ですし、今日の評価はオールAです。本人はレジ業務にも意欲があるので、なるべく早くできるように指導していきたいと思っています。せっかくベトナムで研修を受けて日本に来ても、働く場所がないのはかわいそうですから」

もちろんすべての指導は日本語で行われる。

「たとえ中国人のアルバイトでも、わたしは中国語は使わずに指導しています。やはり日本語で接客するわけですからそれは当然だと思います」

潘さんは留学生のアルバイトと接する中で、業務に関することだけでなく、生活面においても相談を受けることがあるという。

「些細なことに思うかもしれませんが、『病気になったらどうする?』とか、『ゴミの出し方は?』とか質問されることも多いですね。だから彼女たちとはLINEを交換して、いつでも対応できるようにしています」

## アルバイトは週に二十八時間まで

まず知っておきたいのは、留学生がコンビニでアルバイトすること自体にはなんら違法性はないということ。「留学ビザ」で在留しているとはいえ、アルバイトの自由は法的にも認められている。ただ、無制限に働いていいわけではない。

留学生の場合、いわゆる出入国管理法（出入国管理及び難民認定法）で「原則的に週に二十八時間まで（夏休みなどは一日八時間、週に四十時間まで）」と労働時間の上限が決められている（入管法第十九条）。この規則を破ると雇用する側・される側の両方に罰則が科されることになるが、一日平均で四時間までは留学生も自由にアルバイトできるというわけだ。

世界的に見ればこの「週に二十八時間まで」という規則はかなり緩いほうだ。アメリカやイギリスなどは「学生ビザ」でのアルバイトは原則禁止、カナダやフランスでは留学生のアルバイトは認められているが二十時間程度まで。韓国では日本語学校などの留学生は就学後半年以上経ってからという決まりがある。

ちなみに「週に二十八時間」を仮に時給一〇〇〇円で計算すると、週給二万八〇〇〇円だ。四週間働くと額面で一一万二〇〇〇円の稼ぎになる。時給が八〇〇円なら四週間で九万円弱。

日本人の下宿大学生のアルバイト代が月平均で三万円未満（全国大学生活協同組合連

合会調べ）なので、一〇万円稼げばかなりの働き者だろう。

しかし、問題になっているのは、いまコンビニで働いている留学生のほとんどが多額の借金を背負って来日しているということだ。

日本語を勉強しながら働ける「留学ビザ」で入国するために、一年目の学費やあっせん業者への手数料など合わせて一〇〇万円を超すような大金を払っているのだ。平均月収が二万円、三万円というような国で二十代の若者が一〇〇万円を作るには当然借金をするしかない。

中には「日本に行けば日本語学校の寮に住んで、勉強しながら月に二〇万円稼げる」というあっせん業者の甘言に乗って、ひらがなさえ書けないレベルで留学生として日本に来る人もいる。

しかし、週に二十八時間というルールを守っていたのでは、月に一〇万円を稼ぐのがやっとだ。二〇万円はまず稼げない。

二年目以降の学費を払えずに退学してしまうと、当然のことながら留学ビザでの滞在資格はなくなる。となると、借金を背負ったまま帰国するか、強制送還を覚悟でオーバーワークするか、もしくは、最終手段として失踪するか――。いずれにしても、そこには日本に来る前に思い描いていたような〈明るい未来〉はない。

しかし、コンビニで働いている外国人を一概に「出稼ぎ目当ての留学生」と断定して一方的に非難することはできない。日本の法律では留学生のアルバイトが認められているのだ。

「日本語を覚えれば将来のチャンスが広がるから」と、自分のため、家族のために必死に日本語を学んでいる留学生も多い。

問題はどこにあるのか。

取材を続けるうちに、彼らを受け入れる制度やシステムに歪みがあることがわかってきた。彼らの話に耳を傾けていると、今の日本が抱えているさまざまな問題が浮き彫りになってくる。

## 外国人留学生がコンビニで働く理由

なぜ彼らはコンビニで働いているのだろうか。

ローソンでアルバイトをはじめたニュンさんの場合は、現地の研修施設ですでにある程度の仕事内容を学んでおり、日本に来てからコンビニで働くことが想定済みだったとしても、ほかの留学生はどうしてコンビニを選んだのだろう。アルバイト先の選択肢はほかにもいろいろあるはずだ。

そのへんの話を都内のコンビニで働いている外国人留学生の若者たちに聞くと、大きな理由はやはりコンビニの人手不足にあるようだ。面接に行けば不採用になることはほとんどなく、「日本語があまり話せなくても大丈夫だから」と言われることも多いという。

何人かの例を紹介したい。

〈ケース① ウズベク人Aさん〉

ウズベキスタン共和国の古都・サマルカンド出身の彼は、流暢な日本語で「日本に来て一年です」と言う。

恥ずかしながら、ウズベキスタンという国名を聞いても、正確な場所がすぐにわからなかった。

「中央アジアです。昔のソビエト」

コンビニのアルバイトは、来日して二週間経たないうちに「タウンワーク」で探したという。下町のアパート（台東区）から離れた都心の店舗（港区）で働くことにしたのは時給がよかったからだ。

まだ進路は決めかねているが、将来はウズベキスタンに帰って日本語を使う仕事に就きたいと考えている。

専門学校に進むにしても大学へ進学するにしても、まとまった資金が必要なので、今はコンビニで週四日、午後八時〜午前八時まで働く。バイト歴も一年近くになり、深夜帯の時給は一二〇〇円から一三五〇円になった。毎月の手取りは二〇万円弱。

勤務時間は週に約四十八時間と、規定の二倍に近い完全なオーバーワークである。入管に摘発されれば強制送還を免れないが、「仕方がない」と言う。

「学費を稼ぐには働かないといけないし、進学できずに留学生でなくなれば、（在留資格がなくなってしまい）国に帰らされる。それに僕がシフトに入らないとほかにアルバイトがいませんから、店長も困る」

ちなみに彼が通っている日本語学校の授業料は一年間で六六万円。これは東京の日本語学校としては平均より少し安いくらいの金額だが、入学金や選考料、教科書代などを含めると二年間で一四〇万円近くとなる。さらに進学する学校の入学金なども稼がなければならない。

朝八時に仕事が終わると、日本語学校のある神田に向かう。地下鉄とJRを乗り継げば早いが、地下鉄の二駅ぶん（一八〇円）は歩いて交通費を節約している。学校は午前九時から正午まで。

「学校が終わったら、家で宿題をしてから寝ます。疲れているときは、次の日の朝までずっと寝ています」

2DKのアパートは同郷の友人と二人で借りている。家賃は一人あたり二万八〇〇〇円だという。

コンビニのアルバイトは拘束時間が長いので別の職種も考えたが、時給も上がったので、いまはこのまま同じ店でアルバイトを続けるつもりだ。

〈ケース②　中国人Bさん〉

遼寧省・大連出身の彼女は、現在、服飾系の専門学校を目指して日本語を勉強している。もちろん中国にも服飾やデザイン系の学校はあるが、美大は超難関で、「専門学校は、日本のほうが学生に自由にデザインさせてくれると聞いています」。

比較的裕福な家庭で育ち、家族で京都や北海道を観光したこともあるので、留学する際もとくに抵抗はなかった。

来日時に借金もなく、学費や生活費もすべて親に出してもらっているという。

「だから、生活のためにアルバイトをする必要はありません」

だが、すでにコンビニで働いている中国人の友人に誘われて、三カ月前にコンビニのアルバイトをはじめた。人生で初めてのアルバイトだ。中国でも働いた経験はなかった。

「わたしはあまり働かなくていいです」と店長に伝えたのだが、なるべくたくさんシフトに入ってくれるように頼まれた。

現在は、マンションから徒歩圏内のコンビニで、週に三日だけ、午後六時〜午後十時まで働いている。月に四万円程度の給料は、飲食費や服を買うお金に充てる。

「コンビニの仕事は、家から近いので便利だし、やりがいも感じていますが、それほど楽しい仕事ではありません。チャンスがあれば、渋谷とかの洋服屋さんでも働いてみたいです」

〈ケース③　ネパール人Cさん〉

都内の私立大学の工学部に通う。日本語学校時代に学校で求人が出ていたコンビニで働きはじめた。現在は給付型の奨学金を支給されていて、「アルバイトをする必要はないですし、勉強も忙しいですが、スタッフが足りないときに店長からヘルプの電話がかかってきます」。店長にはよくしてもらったので、勉強の邪魔にならない程度、月に数回シフトに入るという。

コンビニでアルバイトをはじめたきっかけはそれぞれだが、大学生や大学院生は稀で、ほとんどが日本語学校や専門学校に通う留学生だった。

「大学生になるとコンビニを辞めてしまう留学生が多いですね」と教えてくれたのは、「はじめに」で紹介した大学院生のアイン君だ。日本語学校に通っていた期間と学部生時代の四年間ずっとコンビニでアルバイトをしていた彼は珍しいケースだ。

日本語が上達し、ほかの職種が選べるようになれば、ほとんどの留学生がコンビニを辞めていく。このあたりの感覚は、コンビニで働きたがらない日本人大学生とあまり変わらないのだろう。

## 一〇〇万人の外国人労働力に依存する日本

外国人留学生に話を聞くと、アルバイトをしていない人を探すほうが難しい。

二〇一七年十月末時点の厚生労働省の集計（「外国人雇用状況の届出状況」）によると、日本にいる約二十七万人の外国人留学生のうち、「資格外活動（＝アルバイト）」をしているのは、約二十六万人。ほとんどの留学生が何らかのかたちでアルバイトをしていることになる。留学生アルバイトの数は五年前と比べて約二・五倍に伸びている。

当然、外国人労働者全体の数も増加傾向にあり、この十年で約二・六倍に増加した。その数は、現在約一二八万人。届出が義務化されてから過去最高の人数だ（図①）。

一〇〇万人を超える外国人はどのような職種で働いているのだろう。

その割合を見てみると、もっとも多いのが「製造業」の30・2％（これはまた後で触れるが、ほとんどが技能実習生である。技能実習生は留学生と違って、それぞれの事業所で個別の技術を習得する目的で入国しており、各事業所と雇用契約を結んでいるので、コンビニなど別のアルバイトをすることはできない）。

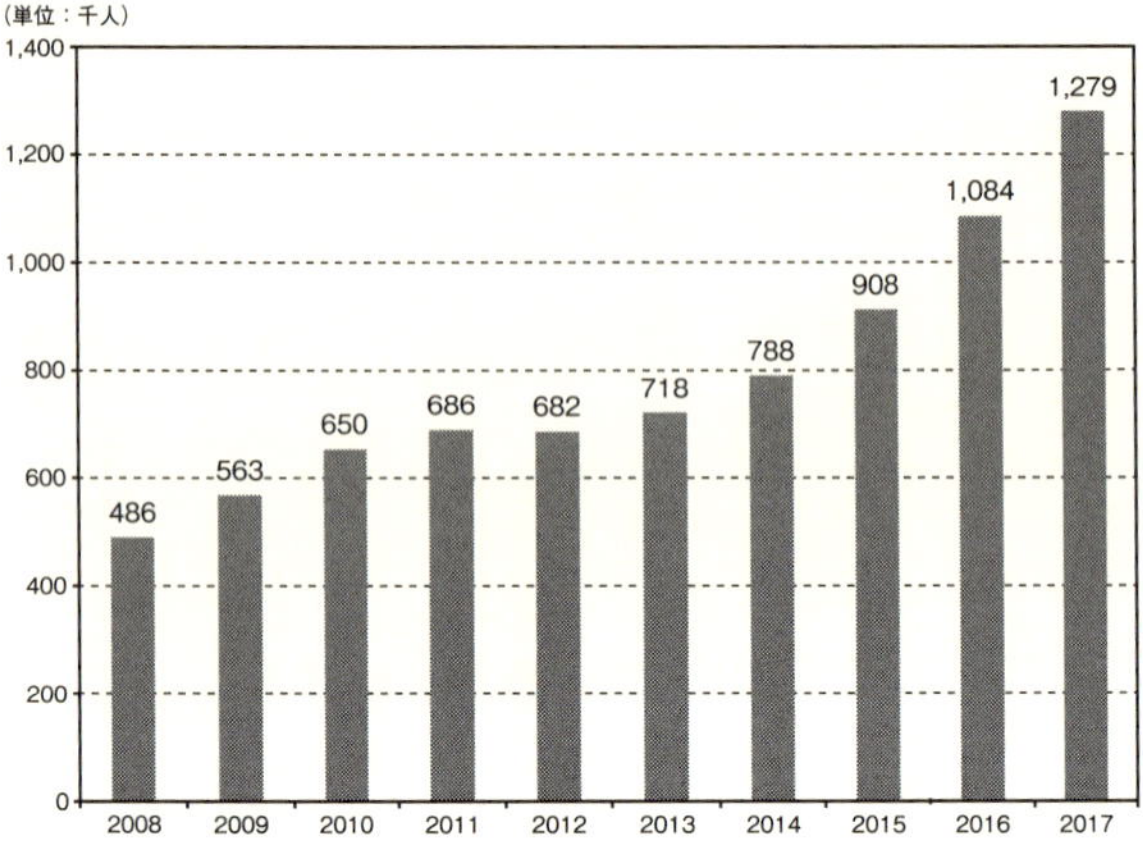


図① 外国人労働者数の推移 厚生労働省HPより

製造業に次いで多いのが、コンビニやスーパーなどを含む「卸売業・小売業」の13％。そして「宿泊業・飲食サービス業」（12・3％）と続く。「サービス業」（他に分類されないもの）というのは、労働者派遣業やビルメンテナンス業などが含まれる（図②）。

こうして見ると、すでに多くの業種で、現場に外国人労働者がいるのが当たり前の状況になっていることがわかる。

たとえば、早朝のコンビニでおにぎりをひとつ買うとしよう。具は「いくら」でも「おかか」でも何でもいい。その物流行程を逆回転で想像してみてほしい。

おにぎりを買ったレジのスタッフは外国人

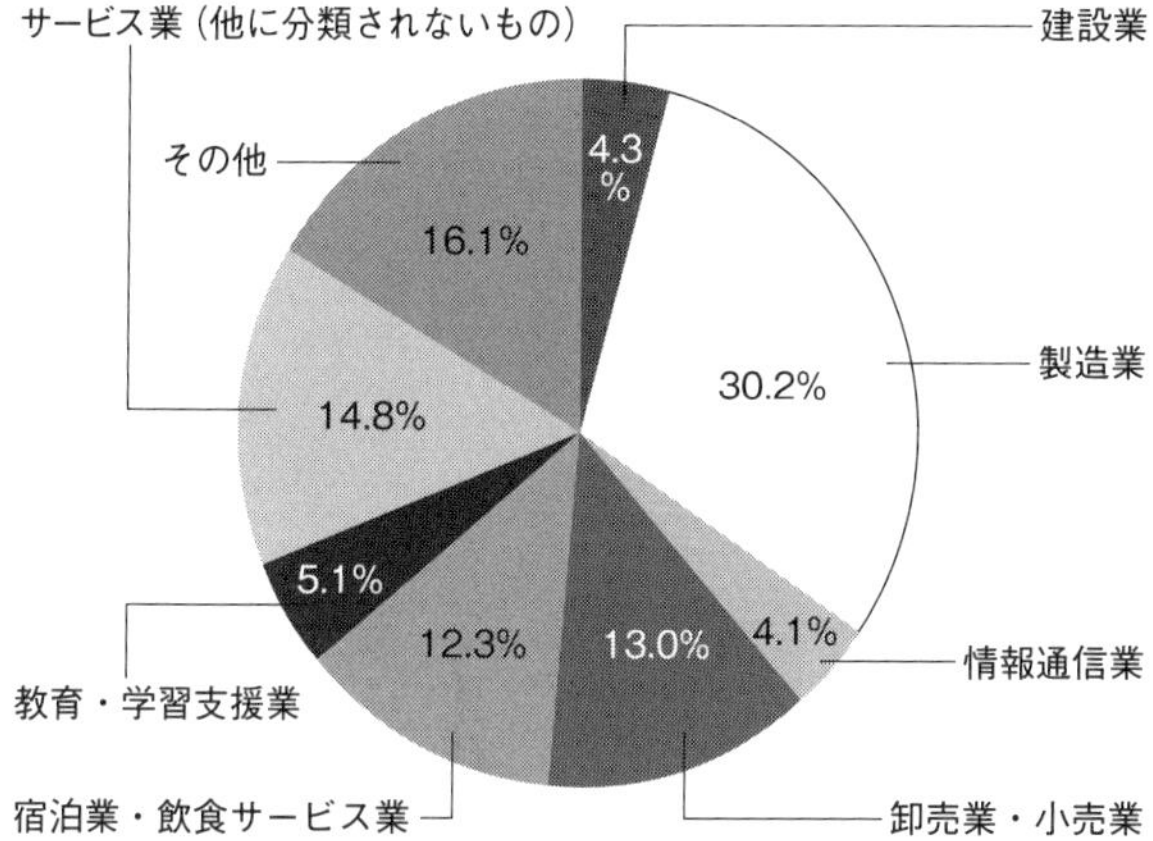


図②　産業別外国人労働者割合　厚生労働省ＨＰより

のようだ。

その数時間前、工場から運ばれてきたおにぎりを検品して棚に並べたのも別の外国人スタッフだ。

さらに数時間前、おにぎりの製造工場で働いていたのも六〜七割が外国人。日本語がほとんど話せない彼らをまとめ、工場長や各部署のリーダーからその日の業務内容などを伝えるスタッフも別の会社から派遣された外国人通訳である。

そして、「いくら」や「おかか」や「のり」の加工工場でも多くの技能実習生が働いている。

さらにその先の、米農家やカツオ漁船でも技能実習生が働いている可能性は高い。

このようにコンビニのおにぎりひとつをとってみても、大勢の外国人に頼っていることが容易に想像できる。

大げさに言うなら、ユネスコの無形文化遺産に登録された「和食」もすでに外国人の下支えがなければ成立しないというわけだ。ダシとして和食の基本となるカツオ節やコンブの加工工場でも外国人が働いているわけだから。

あまり人目に触れていないだけで、日本はすでに外国人の労働力抜きには成り立たない経済構造になっているのだ。日本人の生活は、すでに外国人労働者にすっかり依存している状況なのである。

コンビニでよく見かけるようになった外国人スタッフは全国で約四万人いるが、それでも一二八万人という全体からすればほんの一部にすぎない。

## さらに増え続ける「在留外国人」

次に、また別の数字を取り上げてみよう。

二四七万一四五八人――。

これは、現在「日本に住むすべての外国人」の数だ。入国管理局が二〇一七年六月末時点で集計した「在留外国人」の数で、外国人労働者の数と同じく、統計を取りはじめてから過去最高の数値となっている。

この数には、コンビニで働いている留学生はもちろん、永住者や技能実習生など、入国の目的や動機の如何は問わず、中長期にわたり日本で暮らしている外国籍の人たちが含まれている。

現在日本で暮らしている彼ら在留外国人の国籍は一九六カ国・地域におよび、性別や年齢もさまざまだ。

グラフ（図③）を見ると、年々増え続けている様子がはっきりわかる（二〇〇八年から二〇一二年にかけて減少しているのは、いわゆるリーマンショックと東日本大震災の影響が大きいと考えられる）。

とくにこの数年は増加率も高く、二〇一五年末から二〇一六年末にかけては6・7％増と、伸び率も過去最高を記録した。

なかなかイメージしにくいかもしれないが、約二四七万人という人口規模は、名古屋市の人口を超え、都道府県の人口ランキングで全国第十三位の京都府に迫る勢いである。

ちなみに日本の総人口・一億二六五九万人（二〇一八年一月現在の概算値）に対する在

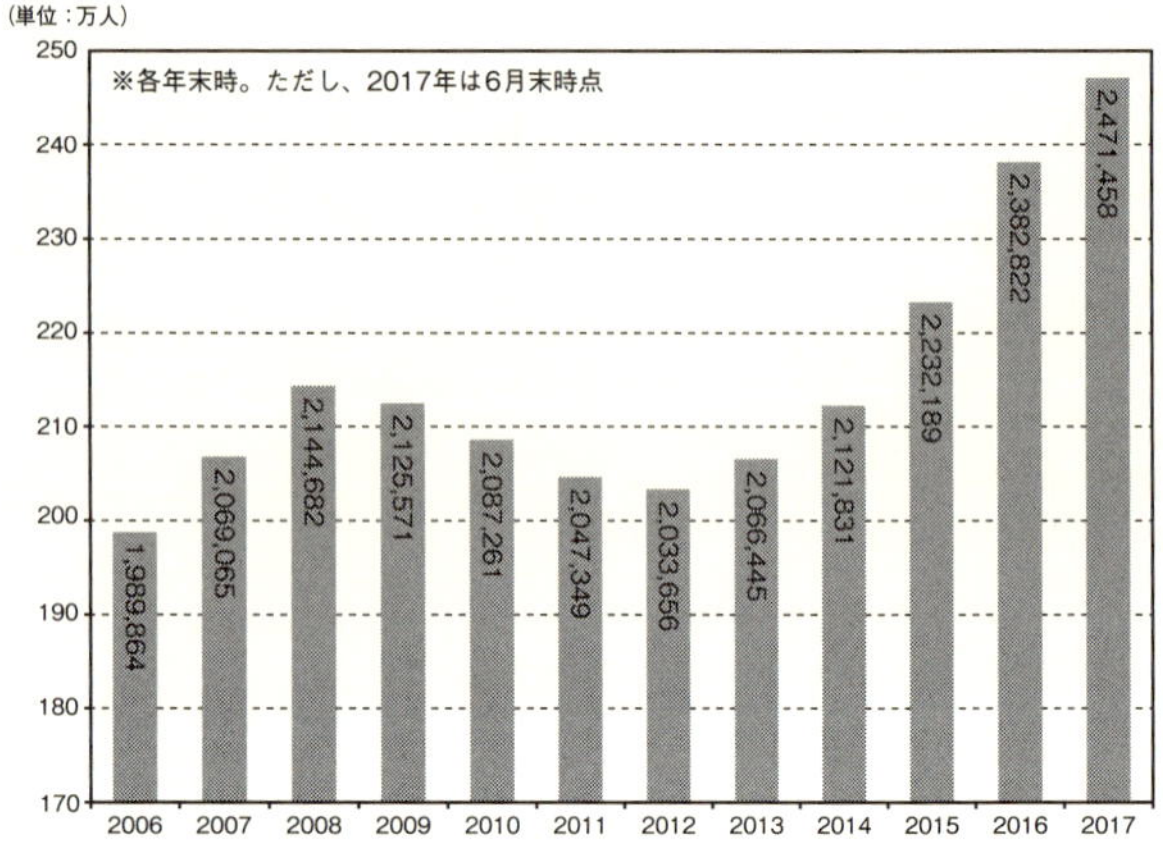

図③　在留外国人数の推移　　法務省ＨＰより

留外国人の割合は約１・９％と推定される。

ここで取り上げた「約二四七万」と「約１・９％」という数字は、ふたたび取り上げるので、しばらくの間忘れずに憶えておいてもらいたい。

## 急増するベトナム人・ネパール人

二五〇万人に迫ろうとしている在留外国人の主な出身国の内訳を調べると、興味深い事実が見て取れる（図④）。

国別の内訳は、今回取材で日本各地を回り、コンビニで働く外国人スタッフに国籍を直接尋ねた結果とほぼぴったり重なっているのだが、この数年で出身国の構成がずいぶん変化していることがわかる。

| 国籍・地域 | 人数 |
|---|---|
| 総数 | 2,471,458 |
| アジア | 2,050,909 |
| 中国 | 711,486 |
| 韓国 | 452,953 |
| 朝鮮 | 31,674 |
| ネパール | 74,300 |
| フィリピン | 251,934 |
| ベトナム | 232,562 |
| 南米 | 247,938 |
| ブラジル | 185,967 |
| 北米 | 69,875 |
| ヨーロッパ | 73,151 |
| アフリカ | 15,143 |
| オセアニア | 13,854 |
| 無国籍 | 588 |

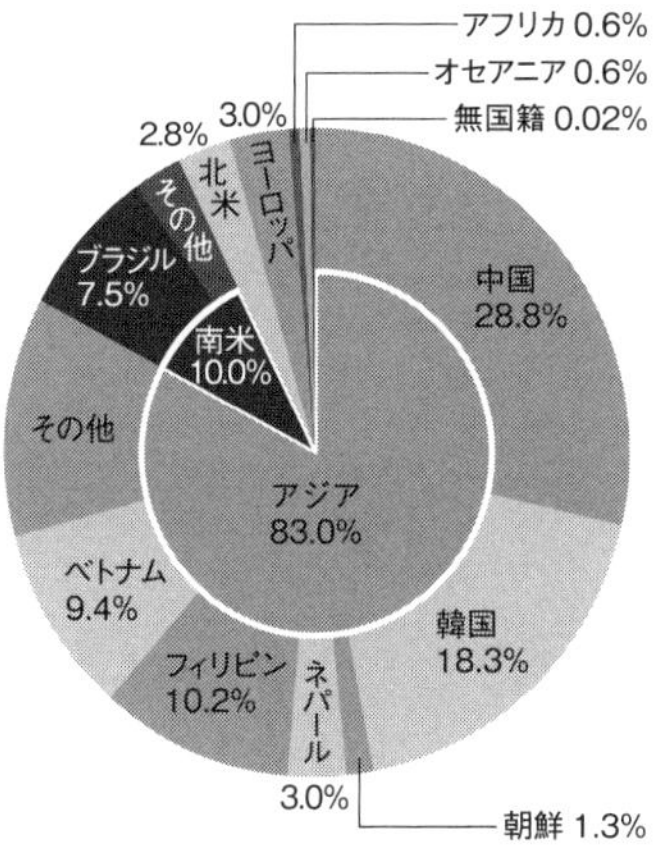


図④　国籍・地域別在留外国人数　　法務省HPより

現在、もっとも多いのが「中国」の約七十一万人。毎月平均で約二五〇〇人増加というハイペースだ。

次いで多いのが、一九九〇年代まで在留外国人のほとんどを占めていた「韓国・朝鮮」の約四十八万人。この数字にはいわゆる在日コリアンとして特別永住権をもっている人たちも多く含まれる。しかし、年々増加している中国人とは対照的で減少傾向にある。この二十年間で約二十万人も減っている。これは、日本で学ぼうとする韓国人留学生の数が減っているというだけでなく、在日コリアンの社会が日本全体と並行して急速に高齢化していることが大きな要因だと考えられる。

韓国・朝鮮籍の人たちが徐々に減っている

一方、この数年で急増しているのが「ベトナム」（約二十三万人）、「ネパール」（約七・四万人）といった国や地域の人たちだ。ベトナム人とネパール人に関しては、この三年でそれぞれほぼ倍増という劇的な伸びを示している。

現地では日本語を学ぶことがブームになっているのだという。

## ベトナムの日本語ブーム

いまベトナムでは国をあげての日本語ブームに沸いている。ホーチミンやハノイには日本語学校が林立し、二〇一六年からはなんと日本語を第一外国語として教える小学校もできた。ベトナム政府としては、日本語を話せる人材を増やすことで、日本との経済的なつながりを強固にすることや現地の日本企業での雇用拡大を促進する狙いがあるのだろう。

こうしたベトナムの日本語ブームを取材するに当たって、最初に目星を付けたのは現地の日本語学校だ。グーグルやフェイスブックで検索すれば、かなりの数の日本語学校がヒットする。

そこで直接現地に赴いて、「実際にはどのような授業が行われているのか」「留学生が日本に来る際にどうして一〇〇万円以上のお金がかかるのか」など、まずは日本に来る前の留学生の実態を知ろうと思った。しかし、残念ながら正面からの取材はすべて断られた。どうやら現地の日本語学校にはこちらの取材に応じたくない理由があるのだ。その〝理由〟については第五章で詳しく報告する。

日本語学校への取材は叶わなかったが、現地での収穫はあった。ベトナムの町を歩いていれば日本語で声をかけられることも多く、宿泊したハノイの日本人宿でもその一端を垣間みることができた。

宿のオーナーは日本に滞在経験もある元技能実習生だった。愛知県の自動車工場で働きながら独学で日本語を覚えたという。

宿の従業員の女性も実習生として縫製工場で働いていたそうだ。あまり上手ではない日本語で「日本はいい国。また行きたいです」と言って、時間を見つけては日本語を勉強していた。タブレットを使って見ていたのも日本のドラマや日本語の動画コンテンツだった。

そんな彼女が「これもおもしろかったです」と教えてくれたドラマがある。日本語のタイトルは『遠く離れた同じ空の下で』という作品だった。なんでも沖縄の琉球朝日放送とベトナムの国営放送が共同制作したドラマで、ベトナム人留学生の主人公が沖縄で日本人女性と恋に落ちるというラブストーリー。ベトナムで先行放送され、日本では沖縄ローカルで二〇一七年三月に放映されたという。〝世界に見せたい日本のドラマ〟というコンセプトで、NHKの大河ドラマ『真田丸』などとともに「東京ドラマアウォード2017」(ローカル・ドラマ部門)も受賞している。

主人公が日本へ留学するという設定は、ベトナムの視聴者にも身近で感情移入しやすいということなのだろう。

ハノイでは、これから日本語能力試験を受けて二〇一八年には日本に留学したいという女性とも知り合った。

「日本はすばらしい国です。だからわたしも日本にいきたい」

まるで判を押したような答えしか返ってこないことがすこし気になった。何か大事なことが聞けていないようにも思えた。

その疑問を解決してくれたのは、「日本への留学はまったく興味がない」というベトナム人青年だった。

iPhoneのケースをデザインする会社で働いているという二十代のミン君は、英語でこんなことを言った。

「僕たちは『ドラえもん』とか『NARUTO』とか、日本のアニメや漫画を見て育った世代だから、日本には親近感もあるし、リスペクトもしている。こないだは映画館で広島のアニメも見た（『この世界の片隅に』のことだった）。ベトナムではいま、日本語がブームになっていて、日本語学校もたくさんある。でも、日本に行きたいと考えているほとんどの人は日本の文化を学びたいわけではなく、やっぱりおカネのためだと思う。ベトナムはまだ貧乏だから。日本語がわかれば、こっちの会社（日系企業）でも就職しやすいからね」

ミン君は「ジャスト・フォー・マネー（おカネのためさ）」と繰り返した。

彼によると、地方の農家出身の子などは、お金持ちになることを夢見て、家の田畑を担保に銀行から金を借りて、日本留学の資金にする人も少なくないということだった。

「銀行から全額借金できなくても、預金残高の証明書なんていくらでもフェイクを作れるし、実際そうしている人が多いんだと思うよ」

彼とはフェイスブックで「友だち」になり、そのほかにもベトナムの最新事情をいろいろと教えてもらった。

# 第二章　留学生と移民と難民

## 五人に二人が外国人という状況

いま、日本では外国人の数が増加の一途を辿っている。

約二五〇万人という在留外国人に加えて、年間の訪日外国人は二八〇〇万人を超えた。街で外国語のアナウンスを聞くことも珍しくない。インバウンド需要の多い商業施設なら店内のアナウンスも日・英・中・韓に対応していることが多い。

しかし、二十四カ国語対応している施設があると知って驚いた。

実践しているのはＪＲ新大久保駅だ。

「事故防止のために、階段や通路は右側を歩いてください。階段は止まらずに歩いてください」というアナウンスを、英中韓はもとより、タイ語やベトナム語、ヒンディー語、ネパール語など二十四カ国語に対応しているのだ。近隣の日本語学校の生徒たちと協力して独自に作成したそうだ。

新大久保駅界隈には留学生が多い。日本語学校が多いというより、むしろそこで暮らしている人が多いのだ。午後一時頃になると、午前中で日本語学校の授業を終えた外国人たちの〝帰宅ラッシュ〟で駅構内はごった返す。

今回、留学生の話を聞くために周辺を何度も訪ねたが、ほんの数年前まで〝東京のリトル・コリア〟と呼ばれていた街が、いまでは様子がすっかり変わり〝多国籍タウン〟になっている。

ハングルの看板を掲げた店が減る代わりに、裏通りの「イスラム横丁」にはスパイスの香りが漂い、表通りにはベトナムやネパールのレストランや食材店が目立って増えている。中にはカラオケを備えたベトナム料理店もあり、夜も深くなれば、酔っぱらったベトナム人の歌声が聞こえてくる。駅前のコンビニで働いている外国人スタッフもやはりベトナム人やネパール人が多い。

「はじめに」で紹介したベトナム人留学生のアイン君も、こうした状況には驚いていると言っていた。

「はじめて来日した二〇一〇年当時には、こんなにベトナム人が増えるなんて考えられませんでした」

新大久保駅がある新宿区には、現在、約四万二〇〇〇人の外国人が住んでいる（二〇一七年十月）。区全体の人口における外国人の比率は都内一位となる約12％。この数値は、移民が多いヨーロッパ諸国とほぼ同じ水準だが、さらに大久保地区（一丁目、二丁目）に限って言えば、約40％にまで跳ね上がる。住民の五人に二人が外国人という状況は、日本全体の約1・9％という数字と比べるとほぼ二十倍である。

一三一カ国・地域もの人々が住んでいる新宿区だが、主な国籍別の割合を見ると次の通り。

中国（一万三五五七人／3・9％）
韓国（一万一一五人／2・9％）
ネパール（三六四九人／1・0％）
ベトナム（三四九九人／1・0％）
ミャンマー（二一六四人／0・6％）
ブラジル（一三八人／0・04％）

日本全体の割合と比べると、ブラジル人が少ないが、ほぼ日本の縮図といった状況だ。

ちなみに日系ブラジル人が多いことで知られる群馬県大泉町は、外国人の割合が全体の約18％（二〇一七年九月）を占める。これは全国の自治体の中でも一、二を争うトップクラスの数値である。町の総人口約四万二〇〇〇人に対し、外国籍の住民が七五〇〇人以上となっている。主な内訳は以下の通り。

ブラジル（四二〇三人／10％）
ペルー（九九四人／2・3％）
ネパール（七七一人／1・8％）
フィリピン（二六六人／0・6％）
ベトナム（二三四人／0・5％）
中国（二一四人／0・5％）

大泉国際交流協会の糸井昌信会長によれば、ここ数年で、町内にもネパール人とベトナム人が徐々に増えてきているという。

「昼間は仕事に行っていると思われますので彼らを見かけることはありませんが、国際交流協会の日本語講座の通年コースにはネパール人が、N1やN2のクラスにはベトナム人が増えてきたかなと感じます」

外国人が増えていることで各自治体はその対応に追われている。文化や宗教の違う人たちが同じ地域に住むというのは簡単なことではない。一人ひとりの住民がよりよい環境づくりを目指していく必要があるだろう。日本人と外国人が共生していくための自治体の取り組みは第七章で詳しく触れたい。

## 「その他」の在留外国人たち

在留外国人の内訳を示すグラフ（35ページ）では主要国のみを扱ったが、「あれ、イランは？」と思った読者は三十代後半以上の世代だろうか。

イラン人といえば、一九九〇年代前半に急増し、メディアでも頻繁に取り上げられていた彼らの姿を思い出す人も多いはずだ。

一九八八年のイラン・イラク戦争休戦後から一九九二年にビザ免除協定が停止されるまで、多くのイラン人がビザなしで入国し、戦争で荒廃した母国には戻らないで、そのまま日本に留まった。

一時期は、不法滞在者だけで四万人を超えていたという報告もあり、その多くが変造テレフォンカードや薬物の密売などに手を染めていた事実がある。当時、上野公園などにたむろする〝不良イラン人〟は大きな社会問題にもなった。しかし、ビザ免除がなくなって以来、イラン人の数は減り続け、現在、日本に滞在するのは約三〇〇〇人。いまでは在留外国人の中ではマイノリティーの部類に入る。

また、総数としてはまだ目立たないが、中央アジアのウズベキスタンや、パキスタン、スリランカ、ブータンなどから入国する留学生も増加中だ。今後、ベトナムやネパールの次に増えてくる国々かもしれない。

マイノリティーに属する外国人のことを調べていくと、難民問題にも突き当たる。

日本には、難民申請をしながら何年も認められず、法的地位が定まらないまま生活している人たちが全国に数千人いると言われている（ちなみに二〇一七年に難民認定されたのはわずか二十人）。彼らは在留資格を持たない非正規滞在者で、入管から〝仮放免〟された状態にある。そのため国民健康保険にも入れず、基本的には働くことも許可されていない。もちろんコンビニでアルバイトすることもできない。

有名なところでは、埼玉県南部の蕨市周辺には、推計で約一三〇〇人ものクルド難民が〝仮放免〟のままコミュニティを形成している。

## 政府の外国人受け入れ制度

在留外国人や外国人労働者が年々増加していることがわかったところで、彼らに対する日本政府の主な対応をまとめておこう。

最初に確認しておくと、政府は二〇一七年六月の「経済財政運営と改革の基本方針（骨太方針）」において、外国人労働者の受け入れについて「真摯に検討を進める」という表現を使ったが、「移民」の受け入れについては認めていない。もちろん「移民」に関する社会政策もなく、法制度も整っていない。安倍首相も再三にわたって「移民政策をとることは断じてありません」と明言している。

しかし、これまで見てきたように、事実として日本で働く外国人の数は増えている。外国人の流入者数を見れば、すでに二〇一四年の時点で、経済協力開発機構（OECD）に加盟する三十四カ国（当時）のうち日本は世界第五位の「移民流入国」だという報告もある。

にもかかわらず、政府は「移民」を認めていない。

政府の方針をわかりやすくいえば、「移民」は断じて認めないが外国人が日本に住んで働くのはOK、むしろ積極的に人手不足を補っていきたい、ということだ。

むしろ外国人に人手不足を補ってもらうための制度は多く、政府はこれまで「EPA（経済パートナーシップ協定＝経済連携協定）による看護師・介護福祉士の受け入れ」や「外国人技能実習制度」、「高度外国人材ポイント制」、「国家戦略特区による外国人の受け入れ」、「留学生三十万人計画」といったプロジェクトを押し進めてきた。

それぞれの概要をまとめると次の通りである。

【経済連携協定（EPA）による看護師・介護福祉士の受け入れ】

協定を結ぶ東南アジア諸国から看護や介護の人材を受け入れ、国家試験に通れば日本に定住できるという仕組み。看護師と介護福祉士ではそれぞれ枠組みが違うが、来日が許されているのは、母国でも資格を持ち、一定の経験を積んだ人材である。日本で仕事を続けるには期間内に日本語を覚えて、日本の資格試験を受けなければならない。二〇〇八年に制度が始まって以来の十年間で、看護師や介護福祉士の国家試験に受かったのは合計で一四〇〇人にも満たない。

ちなみに外国人の看護師の合格率は二〇一八年二月の試験で過去最高の17・7%となったが、日本人を含む全体の合格率は91%だった。日本語の習得が大きなネックになっている。

【外国人技能実習制度】

外国人が日本の企業や農家などで働いて習得した技術を「母国の経済発展に役立ててもらう」という目的で創設された公的制度。つまり、本来的には、日本が国際貢献するために作られた制度である。

細かな技術やコツを教わって習得するために、実習生は入国時に「基本的な日本語を理解できる能力（N4程度）」が必要とされているが、実際にはほとんど日本語を話せない実習生も少なくない。

実習生と事業主が直接雇用契約を結ぶため、最低賃金を割って働かされるなどのケースもある。そうした背景を受けて、二〇一七年十一月からは適正化法が施行され、第三者機関が受け入れ団体や企業を監督する制度が導入された。

現在、約二十五万人が在留。在留期間は最長で五年。

二〇一七年十一月に「介護」の分野が新設されたが、翌十二月には、政府は「介護」に関して方針を見直すことを決めた。その内容は、技能実習生が介護福祉士の試験に合格した場合は無期限で働けるとしたもので、「母国の経済発展に役立ててもらう」という技能実習制度の本来の目的から逸脱しているとして批判を集めている。

【高度外国人材ポイント制】

研究者やエンジニア、企業経営者といったいわゆる「ホワイトカラー」の外国人人材に対し、学歴、職歴、年収などの項目ごとにポイントを設け（研究者の「博士号取得者」に三十点、経営者の「年収三〇〇〇万円以上」に五十点など）、ポイントの合計が七十点に達した場合に、出入国管理上の優遇措置を与えるという制度。

外国人が永住権を取得するには、通常は十年以上の在留期間が必要だが、ポイントが八十点以上の対象者は最短一年とする「日本版高度外国人材グリーンカード」も創設された。二〇一七年六月末の時点で、高度専門職ビザで在留している外国人は約五〇〇〇人にとどまっている。

【国家戦略特区による外国人の受け入れ】

第二次安倍政権が掲げる成長戦略の柱のひとつである国家戦略特区の中で、入管法を一部緩めて外国人の受け入れを認めようとする試み。たとえば「家事労働者」の入国は、外交官の家庭などに従事する場合を除いて原則的には認められていないが、二〇一七年より東京都、大阪府、神奈川県では受け入れが始まっている。ただし、在留期間は三年とする。また、アニメやゲームのクリエーターや日本食の料理人などいわゆる〝クールジャパン人材〟の受け入れも進めている。

【留学生三十万人計画】

二〇二〇年を目途に三十万人の留学生受け入れを目指す計画。日本を世界により開かれた国とすることを謳い、政府は「高度人材受け入れとも連携させながら、大学等の教育研究の国際競争力を高め、優秀な留学生を戦略的に獲得していく」として、入国審査の簡素化や、外国人受け入れ法人への補助金導入を実施している。現在、留学生の数は約二十七万人となり、目標の三十万人を目前にしている。

こうして並べてみると、政府は基本的には外国人を積極的に受け入れようとしていることがわかる。しかし、繰り返すが、「移民」の受け入れは認めてはいない。日本は世界第五位の移民受け入れ国という報告がある一方で、政府は「移民ネグレクト」とも言うべき対応を続けている。

## 「移民」とはどんな人たちか

外国人の受け入れには積極的なのに、なぜ政府は「移民」の受け入れを認めないのか。ここであらためて「移民」という言葉について考えてみたい。

じつは「移民」という言葉には国際的に統一された定義はない。日本の法務省や外務省にもこれまではっきりとした「移民」の定義はなかった、と言えば驚く人も多いのではないだろうか。

一般的な会話の中で使われる「移民」のイメージは「経済水準の低い国から高い国へ入国して生活している人たち」を指すことが多いが、国連などの国際機関では、一年以上外国で暮らす人はすべて「移民」に該当すると解釈している。つまり、国連などの定義に照らせば、イチローも「移民」であり、日本に住んでいる約二四七万人という在留外国人はほぼ「移民」である。

しかし、二〇一六年五月二十四日、日本は独自に「移民」を定義づけた。

自民党が掲げた労働力確保に関する特命委員会の報告書「『共生の時代』に向けた外国人労働者受入れの基本的考え方」において、「移民」についてはじめて定義しているのである。

外国人労働者の問題に詳しい日本国際交流センター執行理事・毛受敏浩氏は、著書『限界国家―人口減少で日本が迫られる最終選択』（朝日新書）の中で、その報告書について「外国人労働者政策の抜本的な転換を求める意味で画期的なものだった」としながらも、「移民」の定義については「世界的に見ても例のない奇妙な」ものだと述べている。

その定義とは――、「『移民』とは、入国の時点でいわゆる永住権を有する者であり、就労目的の在留資格による受入れは『移民』には当たらない」というものだ。

つまり、入国の時点で永住権を持っていなければ、正規の労働資格を得て十年以上日本に滞在し、国税や年金保険料を欠かさず納め、最終的に永住権を獲得したような外国人でも「移民」ではないのである。法務省の了解も得ている正式な定義だという。

報告書の中には、外国人の単純労働についての記述もある。

「介護、農業、旅館等特に人手不足の分野があることから、外国人労働者の受入れについて、雇用労働者としての適正な管理を行う新たな仕組みを前提に（中略）必要性がある分野については個別に精査した上で就労目的の在留資格を付与して受入れを進めていくべきである」

わかりづらい書き方をしているが、これは、将来的には制度を整えた上で、単純労働の分野でも外国人を受け入れる可能性があることを示したものと考えられる。

しかし、これほどまでに政府が「移民」という言葉を避ける理由は何だろうか。改めて毛受氏に尋ねてみると、「一般の国民に〝移民アレルギー〟があるからだと思います」という答えが返ってきた。

「二〇一六年にヨーロッパで立て続けに起こったテロ事件などが影響して、『移民』＝犯罪者というような悪いイメージを持っている人が多かったり、『移民が増えれば犯罪率が上がって、雇用の機会も奪われる』というように、正しい理解がなされていないことも原因ではないかと思います。政府として〝移民政策〟を展開していくにはまだハードルが高いのであれば、『移民』という言葉を使うのはやめて、たとえば、〝定住外国人政策〟だったり、〝アジア青年日本活躍事業〟とするのもよいのでは。『移民』という言葉にアレルギーがあるならそのほうが話は早いと思います」

本書では無用な誤解をさけるためにも、なるべく「移民」という言葉の使用を避け、どうしても必要なときにはカギカッコつきの「移民」として表記する。

## 日本の先を行く韓国の「雇用許可制度」

ここで諸外国の外国人受け入れ制度を見てみよう。まずはお隣の韓国から。

ひと足先に人口減社会に突入している日本と比べ、韓国の人口はまだ増え続けている。人口が減りはじめるのは二〇二〇年代と見られているが、韓国では数年前から積極的に外国人の単純労働者を正式に受け入れはじめているのである。外国人への対応に関しては、韓国が日本の一歩どころか二、三歩先を走っている。

韓国の人口は現在約五一〇〇万人。日本のおよそ半分だ。しかし、二〇一六年には韓国の在留外国人数は約二〇五万人（全体の約４％）となり、二〇〇万人の大台を超えた。日本の人口規模で考えれば、五〇〇万人以上の外国人が在留している計算になる。

韓国の在留外国人を国籍別で見ると、もっとも多いのが「中国」の約一〇一万人。次いで「ベトナム」が約十五万人。


韓国は、今世紀に入ってから急速に〝移民政策〟を整えはじめ、二〇〇四年に「雇用許可制度」を導入したが、日本の「技能実習制度」とは大きく違う。

日本の「技能実習制度」が（建前としては）〝途上国に対する技術移転〟という国際貢献を前提にしているのに対し、韓国の「雇用許可制度」はストレートに外国人の単純労働者を正規の労働者として受け入れるための制度なのである。

「雇用許可制度」が特徴的なのは、政府が一貫して外国人労働者を管理している点だ。

その方法はかなり徹底している。

単に仕事を紹介してマッチングを図るだけでなく、人材募集の段階から国が積極的にかかわり、入国後の語学研修や技能研修なども国の委託を受けた業界団体が手掛け、彼らが帰国するまでをトータルで管理するのだ。まさに〝国策〟として外国人労働者を管理していこうとするシステムである。

人材募集に関しては、東南アジア諸国のほか、ウズベキスタンなど中央アジアの国々とパートナーシップを結んでいる。こうした協力国に、翌年受け入れる予定の外国人労働者枠（クオータ）を事前に通知するのである。それぞれのクオータは、韓国政府が各産業界の状況に基づいて決定する仕組みだ。

また、政府機関の「外国人力支援センター」（全国に八カ所）は、外国人労働者の仕事や生活の相談に乗るほか、必要な場合には援助も行い、帰国前には母国での就職を見据えた技術指導も行っている。

韓国の外国人労働者は、このように政府の手厚い管理の下でそれぞれの仕事に就いており、問題視されていた外国人の不法滞在率も八割から二割にまで激減した。不法滞在が二割というのはまだまだ高い数値だが、こうした取り組みは国際的にも高い評価を得ている。

韓国ではさらに「雇用許可制度」を改善していくための研究も進んでおり、韓国語のレベルのほか学歴や職歴などでポイントを付ける「外国人力選抜ポイント制度」を検討している。

こうした近年の韓国の状況を鑑みて、いま日本から韓国に多くの官民の組織が視察に訪れているという。

## ドイツの「ガスト・アルバイター」

日本語の「アルバイト」という言葉がドイツ語に由来しているのは有名だが、「ガスト・アルバイター」という言葉はご存じだろうか。

「ガスト・アルバイター」とは「ゲスト労働者」、つまり「外国人労働者」のことを指す言葉だ。〝いつかは帰る人〟という意味も暗に含まれており、ドイツではとくに割合の多いトルコ系移民を示す差別用語にもなっている。

「移民」や「難民」を多く受け入れる国として知られるドイツは、人口約八二六〇万人のうちの約一八六〇万人が外国人と言われている。つまり五人に一人は外国人、もしくは外国にルーツを持っているという状況だ。

ドイツと「移民」の歴史は古い。

ドイツは人種差別を押し進めたナチス時代の反省もあり、戦後は積極的に人道的政策を取って、トルコや南欧から「移民」を、旧ユーゴスラビアなどから「難民」を受け入れてきた。最近ではEUの反対を押し切って戦後最大規模のシリア難民を受け入れたことも記憶に新しい。

イギリスがEUからの離脱を決めたのは「移民」や「難民」の問題が大きいと言われるが、ドイツ国内でも「反移民・反イスラム」を掲げる新興右派政党「AfD（ドイツのための選択肢）」が台頭するなど、反発は根強い。

多文化社会を標榜し、「移民」「難民」の受け入れを押し進めてきたメルケル首相にも二〇一七年の連邦議会選挙では批判が集中し、「難民」の受け入れに関しては年間二十万人までという制限を設けた。

現在のこうした状況に至るドイツの「移民」問題を学ぶにはうってつけの映画がある。『おじいちゃんの里帰り』（日本公開二〇一三年）という一本だ。まだ観ていない人はぜひ観てほしい。

映画の冒頭で描かれるのは、ガスト・アルバイターが一〇〇万人を超えた一九六四年のドイツだ。主人公は一〇〇万一人目にドイツに入国したトルコ人のフセイン（おじいちゃん）。

ドイツ語も話せず、出稼ぎ労働者としてドイツに来た移民一世。子どもの頃にドイツへ来てドイツの文化に馴染んでいく移民二世。そして、トルコ語をほとんど話せない移民三世。トルコ系移民三世代のそれぞれの立場や思いが交錯して物語が進んでいく。

移民三世である孫のチェンクは、ゲルマン系ドイツ人の母を持ついわゆるハーフだ。トルコにルーツがあることを誇りにしているが、友だちからは「トルコ語が話せないから、トルコ人じゃない」と言われて傷つく。そして「僕はトルコ人なの？　ドイツ人なの？」と家族に問う。

物語の軸は、おじいちゃんが家族に黙ってトルコの古い家を購入してしまったことから一家総出で家を修理に行くというロードムービーだが、随所にガスト・アルバイターの歴史やトルコ系移民が抱える問題が差し込まれていく。

笑いあり、涙ありの映画の最後にはこんなひと言が添えられる。マックス・フリッシュというスイスの小説家の言葉だが、世界中の外国人労働者と受け入れ国が抱える問題を集約している。

「労働力を呼んだら、来たのは人間であった――」

# 第三章　東大院生からカラオケ留学生まで

## コンビニ奨学生として日本へ留学

ふたたびベトナム人留学生のアイン君に登場してもらおう。

レー・タイ・アイン君（24）は、現在、東京大学の大学院に通っている。全国で六万人を超すベトナム人留学生の中ではトップクラスのエリートだ。

「学際情報学府で経済を中心に学んでいます」と言う。

学際情報学府というのは、東大の中でも比較的新しい組織で、文字通り学部という垣根を越えた学際的な研究を進めている。

アイン君の日本語レベルはN1。英語もペラペラで、TOEICは九〇〇点台を誇る優秀な学生だ。

高校はベトナムでも珍しい日本語文化学部を擁するハノイ国家大学外国語大学付属高

校。ベトナム全土でも超難関校として知られる英才教育校である。

「僕が受験した当時はまだ英語学部のほうが難しくて、日本語学部は上から二番目でしたが、いまベトナムでは日本語教育がブームになっているので、ここ数年で日本語学部のほうが難しくなったと聞いています」

高校でも成績優秀だったアイン君は、高校生のときに一度、交換留学生として日本に短期留学した。

「十カ月間、広島の高校に通いました。広島市街ではなく地方の高校だったので、最初は『日本にもこんな田舎があるんだ！』と驚きましたが、同時にほっとしたのを覚えています。その十カ月は、のんびり楽しく過ごすことができました」

広島の高校へ短期留学したことで日本への憧れはますます強くなったという。そして、日本の大学に進むことを決意。地元のハノイ国家大学にも合格したが、半年で退学して来日すると、最初の一年弱は高田馬場の日本語学校に通った。

「広島時代にも秋葉原とかは来たことはあったんですけど、やっぱり最初のころは東京の生活にストレスを感じました。毎朝の電車のラッシュもすごかったですし、当時（二〇一二年）は、まだ今みたいにベトナム人も多くなかったので、ホームシックというか、ベトナム語やベトナム料理も恋しかったです」

日本語学校に通いながら寝る間を惜しんで大学の受験勉強もはじめ、来日から一年足らずで中央大学経済学部に合格、二〇一七年三月に卒業した。

この間、日本語学校時代と学部生時代の約五年、アイン君はコンビニでアルバイトをしている。

「お店は何店舗か変わりましたが、ぜんぶローソンです」

というのも、じつはアイン君はローソンの奨学生だったからだ。

ローソンは現在、ホーチミン市とハノイ市に独自の研修施設を作っているが、二〇〇九年よりベトナム人留学生を対象に奨学金制度をはじめた。

「僕がまだベトナムにいた頃、高校の先輩から『ローソン奨学金制度』の存在を聞いて申し込みました。僕の時は二名受かって、ローソンから奨学金を支給してもらえることになりました。支給の規定には『ローソンでアルバイトすること』という項目があったので、ほかのコンビニで働いたことはありません」

アイン君は「この奨学金のおかげでずいぶん助かりました」と言う。

毎月の給付額は一三万円。日本語学校と中央大学に通った約五年間、奨学金の給付を受けた。支給型の奨学金だったので返済義務はない。もちろん奨学金のほかにアルバイトで稼いだ分は自分の給料となる。

毎月一三万円の支給というのは、時給一〇〇〇円で二十八時間働くより多くの金額を受け取っていることになるが、アイン君は先を見越して大学院でかかる学費や生活費のために貯金をはじめた。

日本留学に関して親からの援助はいっさい受けていないという。

「バイトは来日して三カ月後にはじめました。最初に働いたのは品川駅の近くのローソンです。日本語もいまみたいには話せませんでしたが、インターネットのアルバイト情報を見て、お店に電話をして、なんとか履歴書を書いて……。ひとつ上の先輩の代までは、奨学生のバイト先もローソンの本部が手配してくれたらしいんですけど、僕の代からは自分で探すようになっていました」

二、三カ月経つと仕事にも慣れたという。

「難しかったのは宅配便の受付です。最初は、日本人の書く字があまり読めなかった。とくに漢字が読みづらかったですね」

時給についても聞いた。日本人と同じ額をもらうのだろうか。

「時給は日本人とまったく同じです。働きはじめたときはたしか九一〇円でした。でも、大学生になって、学校の近くのローソンに移ったら時給が八五〇円に下がりました」

アイン君が通っていた中央大学経済学部はキャンパスが八王子にあり、都心に比べると時給はかなり安いのだ。だから少し損したような気分になったと笑っていた。

「後半の三年半は複数の店舗を経営しているオーナーのもとで働いていたので、いろんな店舗をまわりました。最終的には時給も一二〇〇円まで上がりましたし、土日や祝日にはベースの時給に五〇円余計につけてくれたり、夏休みや冬休みもあって、オーナーにはずいぶんよくしてもらったと感謝しています」

アイン君は約五年にわたりコンビニで働いたが、最初の三年間はベトナム人は彼だけだったという。

「ほかの外国人スタッフでは中国人の留学生がいましたが、お互いのやりとりはもちろん日本語です。最後の二年間はすこしずつベトナム人が増えてきて、僕も彼らに仕事を教えたりしました。でも、ベトナム人のアルバイトはなかなか長続きしないという印象ですね。理由はよくわかりません。僕のいたお店では長く続く人でも半年くらいだったように思います」

コンビニのアルバイトは大学院への進学とともに辞めた。

「さすがにいまは勉強が忙しくて、拘束時間が長いコンビニのアルバイトは難しいです。でも、多くの留学生にとってコンビニはやはり魅力的なバイト先だと思います。深夜帯のシフトに入れば一回でそれなりの額を稼げますし……」

アイン君によれば、日本に来るベトナム人留学生は、欧米を目指す留学生と比べると低所得者層出身の子が多いという。

「だから、みんななるべく家賃は安く押さえたい。僕が最初に住んだ西東京市の寮は、語学学校に紹介してもらったところで、外国人割引もあって朝晩の食事付きで一カ月五万円。最寄りの駅から新宿まで電車で三十分かかりますが、この値段で『独り部屋』で『食事付き』だったのでかなり良心的だと思います。留学生は家賃をセーブするために、友人とルームシェアする人が多いですよね」

アイン君の知り合いで、新大久保のマンションをシェアして住んでいるベトナム人留学生がいるというので紹介してもらった。

## 八人で共同生活

拓殖大学の政経学部に通うグイ・ベト・アイン君（22）は来日して四年目。前出のアイン君と同じ名前なので、ベト君と呼ぶことにする。

ベト君は、JR新大久保駅から徒歩三分のマンションで生活している。2DKで家賃は一二万円。

それだけ聞くといい暮らしのようだが、約四十平米のマンションに本人を合わせて八人で同居しているという。家賃は一人当たり一万五〇〇〇円で等分にしているらしい。

今回、いろいろな留学生に話を聞いたが、三人、四人で同居という例はあっても、八人で同居というのはかなり珍しいケースである。どんな国の留学生に聞いても「八人で共同生活しているのは聞いたことがない」ということだった。

ベト君が八人暮らしであることは、アイン君から紹介された時点ですでに知っていた。だから日本での生活にかなり苦労しているのだろう、生活も困窮しているかもしれないと思っていたのだが、待ち合わせ場所に現れたベト君は、髪型は今風の刈り上げに七三で、身なりもこざっぱりしていた。

「服はぜんぶユニクロとかしまむらですよ」と笑っていたが、生活の影を感じることはなかった。

はじめて会った日は、夕飯時だったこともあって、彼がたまに行くという駅前の焼肉店に入った。八人で部屋をシェアする苦学生が焼肉？　とふしぎに思ったが、まわりの客席から聞こえてきたのは日本語や韓国語ではなくベトナム語だった。

「このお店、とても安いですからお客さんはベトナム人が多いです」

ベト君が言うようにたしかに安く、二人でそれなりに食べて、こちらはビールもおかわりして会計は五〇〇〇円以下だった。

「日本人とか韓国人はほとんど来ません。働いているのもほとんどベトナム人。韓国人はオーナーだけだと思います」

たしかに、店の名前は韓国風だが、客はなぜかベトナム人ばかり。店内を見回しても、日本人はいないようだった。メニューも、日本語とハングルのほかにベトナム語が併記されていて、よく見れば、壁に貼ってある黄色い短冊もベトナム語だった。途中で立ったトイレの扉にも何かベトナム語で貼り紙がされていた。

「ベトナム語ばかりでしょう」

彼の日本語能力は資格上はN3。しかし、一対一の会話で不自由することはないし、実際、大学で授業を受けて、ゼミにも通っているのだからおそらくN1に近いN2といったところだろう。

なぜN2の試験を受けないのか聞いた。

「大学に入ってからは授業やゼミの予習・復習が忙しくて、日本語能力試験の勉強をするヒマがないのと、いまベトナムではN2の価値がほとんどなくなってきているので、N2の試験は受けないと思います」

ベトナムでN2の資格を持っていれば、就職に有利というのはすでに昔の話だという。

ここ四、五年はN2レベルの日本語を話すベトナム人が国内でも増えているそうだ。

「もう就職に役立つ資格ではないです。日本の英検2級くらい？　だからN2は受けません。取ってもあまり意味がないから。たぶんN1も受けないと思う」

住んでいる部屋について聞いてみた。

本当は焼肉店でのインタビューではなく、彼の部屋で話を聞きたかったのだが、「みんながイヤだと言うので、部屋には案内できません。ごめんなさい」ということだった。その代わりに部屋の間取りを描いてもらった。彼がスマホで撮った写真も見せてもらった。部屋の壁には八人ぶんの洋服が雑然とかかっている。床には畳んだ服が重ねられていたり、一部には洗濯した服が山のように重なっている。

「古着屋さんの倉庫みたいですよね」とベト君が笑う。

全体的に散らかってはいるが、不潔というわけではない。大学生くらいの若者が八人暮らしているにしてはむしろきれいなほうだろうか。本棚やソファといった家具はなく、壁際にそれぞれの持ち物が積み重ねてあるのが見える。二段ベッドや三段ベッドがあるわけでもない。

八人の振り分けは、キッチンの隣の部屋に五人、その奥に三人ということらしい。

「ベッドは使わずにみんな適当に寝ます。日本人が来たらびっくりすると思うけれど、寝袋で寝る人もいるし、服の間で寝る人もいます（笑）。そんなに狭くはないし、冬もとくに寒くはない。八人で共同生活というとみんな驚きますが、夜はバイトに行く人が多いし、生活時間帯がバラバラなので、夜寝ているのが二人だけとかいう日もありますから」

生活時間帯が違うということは、みな留学生というわけではないのだろうか。

「いまは大学生が二人。自動車の専門学校に通う人が一人、あと大学は卒業して就職活動している人が二人。それから社員で働いている人が三人。ぜんぶで八人です」

その中にはベト君のいとこもいるが、ほとんどは日本に来てからの知り合いだ。

だが、ベト君も最初から八人での共同生活をしていたわけではない。

日本に来た当時（二〇一四年三月）は、日本語学校が紹介してくれた寮に入ったという。

「でも、そこは最悪でした。十八平米のワンルーム（約十畳）に四人で生活するように言われて……。家賃は三カ月で一人一四万円でした。だから一カ月で一人約四万六〇〇〇円ですよね。狭いのに高かったので、最初の三カ月で出て、友だちの紹介もあったので、あとはこっちに引っ越しました」

ベト君によると、毎月四万、五万という家賃を払いつつ、狭い部屋で共同生活している留学生も少なくないらしい。

「そういう人たちは『高い』と文句は言うけど、自分で部屋を探そうとしないですね。なぜかはわかりません。アルバイトのしすぎで脳ミソが動かないのかも。外国人だからアパートやマンションを探すのが難しいとか言うけど、いまはそんなことないですよ。新大久保に来たら外国人ＯＫなところはいっぱいあります。狭い寮に高いお金はムダですよ」

いまベト君たちが暮らしているマンションは、全九世帯のうち、七世帯が外国人だという。

たしかに新大久保界隈を歩いていると、「外国人ＯＫ」「外国人専門」を謳う不動産屋が何軒もある。審査は不動産屋や保証会社によっても違い、中には保証人が不要な代わりに給与明細や預貯金額の提示を求められることもあるようだが、ここ数年で不動産業者の対応もずいぶん変わってきているようだ。

現在、家賃を一万五〇〇〇円に抑え、質素な生活をしているベト君に、そもそも日本を目指した理由と今後の目標を聞いた。

じつは、ベト君の実家は低所得者層には入らない。むしろ富裕層だというから驚いた。実家はハタイというハノイの中心部から車で三十分程度のところにあり（ベト君曰く「千葉みたいなところです」）、父親は建設業を営んでいる。年収は平均の六、七倍というから、日本で言えば年収三〇〇〇万円を超えるような家庭に育った。兄は警察官になったので、父親は次男のベト君が会社を継ぐことを期待していたらしい。

端から見れば裕福な家庭の坊ちゃんで、生活も不自由なく、将来もおそらくは安定していた。だが、ベト君はそれが嫌だった。じつは高校を卒業した際、ハノイの工業大学にも合格していたが、入学金は払わず、一日も通わなかった。

「僕の日本語ではうまく説明できませんが……、ぜんぶ自分でやりたかった。それが理由。留学については、両親も兄も大反対でした。だから、僕は、学費も生活費もぜんぶ自分で稼いでいます。『ぜんぶ自分でやるから』と言って親と兄を説得しました。だから家賃もムダにできない。……本当は留学先も日本じゃなくてもよかった。アメリカも考えたし、直前まで日本と韓国のどちらに行くか迷いました。インターネットでいろいろ調べているうちに日本に来たくなりました」

いまの目標は、大学を卒業して、ベトナムに戻ってから起業することだという。

「どういう業種がいいのかまだわかりません。ゼミでは、都市化とゴミ問題や排気ガスの社会問題などを学んでいるので、そういうのを活かした仕事ができればいいけれど、いまの勉強とはぜんぜん関係ないフィットネスの事業などもいいかなとも思っています。

健康関連の仕事は、ベトナムではこれから需要があると思いますから」

ベト君はまだ大学二年生。学部を卒業するまでにはあと二年ある。

## 沖縄で急増するネパール人

コンビニで働く外国人が増えているのは都市部だけではない。

沖縄に住む知人から、いま那覇でネパール人が急増しているという話を聞いて取材に赴いた。

意識して那覇の街を歩くと、なるほど、コンビニにもアジア系外国人のスタッフが目立つ。国籍を尋ねるとほとんどがネパール人だ。コンビニだけでなく、薬局やスーパー、居酒屋でも多くのネパール人が働いていた。那覇の目抜き通りである国際通りの土産物屋では、ネパール人スタッフが中国人観光客に「海人Tシャツ」や「ちんすこう」を勧めている。

最近、沖縄で流行りの、宿泊客が自炊できるマンションタイプのホテルに泊まったら、そこの受付にもネパール人男性がいた。

彼は浦添（那覇の隣市）の日本語学校に通っているというが、ホテルから直接学校へ行って、またホテルに帰ってくる生活だという。

「ホテルの仕事、忙しい。いまホテルたくさんある。アルバイト足りない。だから、明日、わたし、別のホテル行く」

沖縄労働局によると、二〇一六年十月末時点の沖縄県内の外国人労働者数は五九七一人で、前年の同じ時期に比べ21・9％（一〇七三人）増えたと発表した。

国籍別で圧倒的に多いのが、約四人に一人という割合を占めるネパール人だ（一六一〇人）。二〇一二年には一八六人だったのが、わずか四年で十倍近くに急増した。

ネパール人に次いで多いのが中国人（八九〇人）、そしてフィリピン人（八三八人）の順である。


なぜこれほどのネパール人が沖縄を目指すのだろうか――。

沖縄ネパール友好協会（ＯＮＦＡ）会長で在沖十一年になる英語教師シレスタ・サンジブさん（41）と、在沖七年目のオジャ・ラックスマン書記長に話を聞いた。彼らが運営する沖縄ネパール友好協会は、定期的に地元住民とネパール人が交流するためのイベントを開催している。

「ネパール人からすると日本は夢みたいな国です」とサンジブ会長は言う。

「ネパールはずっと内戦があって、政治もずっと不安定で、（二〇一五年の）地震の復興もほとんど進んでいません。だから若い人たちはみんな国を出たいと思っています」

ネパールの人口は二九〇〇万人程度だが、現在約六〇〇万人のネパール人が国外に出て生活をしているという。

「日本は政治も安定しているし、地震からの復興もすごいし、ネパールとは反対の国。それに留学生をどんどん受け入れているので、（日本の需要とネパールの供給が）マッチした感じですね。沖縄のことは、来る前はほとんど何も知らなかったけれど、こっちに来てから好きになりました」

なぜ東京ではなく沖縄を目指すのだろう。

「沖縄は暖かくて、語学学校の授業料も東京よりは安いですし、のんびりできるイメージもあるのだと思います。あと米軍基地が多いので、英語が通じると思うんですよね。実際に来てみるとそんなことはないのですが、私も沖縄の人はみんな英語が話せると思っていました」

ネパールは歴史的にはイギリスとの関係も深く、都市部では英語も比較的通じる。

「沖縄は、長く住んでみると、給料が安くて、じつは物価も高いけれど、いい人が多い。それが一番ですね」

サンジブさんの英語教師としての給料は、一カ月の手取りで約一二万円。ネパール人の妻と二人の娘を抱える一家の大黒柱としては決して十分な稼ぎではない。生活は楽ではないが、「東京に行こうとは思いません」と言う。

「東京は沖縄よりいっぱい稼げるかも知れないけど、その分、家賃とか高いでしょう？家族と暮らすには沖縄のほうがいいです。海もきれいだし。将来はネパールに帰ろうかと妻と話していますが、娘たちは日本で育ったので、じつはネパール語が話せません。だから本当は娘がまだ小さいうちにネパールに帰ったほうがいいと思うけれど、まだどうするか決めていません。状況はチャンプルー（複雑）です」

日本語学校で働くラックスマン書記長も同じく東京に行くつもりはないと言うが、最近は目的なく日本に留学する学生が増えたように感じている。

「だから今年から入管も厳しくなってネパール人の入国が少し減ってきていると思う。アルバイトばかりして授業中に寝ている人もいるけど、真面目な学生も多いです。いっぱい日本で勉強して、ネパールと日本の将来に役立ててほしい」

## 「辞めないでほしい」と毎月一万円

沖縄のコンビニでアルバイトをするネパール人留学生にも話を聞いた。

沖縄大学に通うバッタ・ギャネンドラさん（28）は来日三年目。両親はともに大学教授で、彼自身は地元の大学を卒業、大学院で修士課程をとった後に来日した。

ちなみにネパールは識字率が約65％とかなり低いにもかかわらず、大学進学率は約50％、大学院進学率は約12％と日本とほぼ同じ割合だ。

ギャネンドラさんの故郷は、首都のカトマンズからは七〇〇キロ離れたマヘンドラナガルというネパール西端の街。

「地元の大学では農村開発について学びましたが、小さい頃から両親には『あなたはいつか留学しなさい』と言われていました。いま沖縄大学では国際コミュニケーション論を学んでいます」

留学先として日本を選んだ理由は「安全な国ですし、家にある家電製品を見たらほとんど日本製だったことです。そんな国で勉強したいと思いました。その中でも沖縄を選んだのは気候が似ていたことですね」。

〝世界の屋根〟とも呼ばれるヒマラヤ山脈を抱えるネパールは、国土の八割が急峻な山岳地帯であり、首都のカトマンズも標高一四〇〇メートルという高地にある。そのため全体に寒冷な気候と思われがちだが、ギャネンドラさんの地元はほとんど平地に近く、夏期は三十度を超えることも珍しくないという。一番寒い季節でも平均気温が十度を下まわることはほとんどないそうで、一年を通じて「気候が似ていた」のが沖縄を選んだ大きな理由だった。

「留学して長く住むことを考えたら、地元と気候が似ているところがいいかなと思いました」

もともとが親の勧めの留学ということもあり、渡航費や初年度の学費などはすべて親が面倒を見てくれた。

「日本円で一二〇万円くらいだったと思います。部屋は、日本語学校のときは四人部屋でしたが、いまは大学の近くのアパートで一人暮らしをしています。家賃は三万五〇〇〇円です。大学が保証人になってくれて、いい部屋が見つかりました」

現在は大学三年生。卒業したら、日本国内の企業で働きたいと考えている。

「だから東京にも行ってみようと思います。留学生として行くか、会社員として働きに行くかはわかりませんが、本当の日本を見るために、東京には行きたいですね」

いま週に二、三日シフトに入っているコンビニでのアルバイト代は、なるべく節約して貯金するようにしている。

「日本人の学生はアルバイトしてもぜんぶ遊びかお酒に使っちゃう。もったいない。おせっかいと言われるかもしれませんが、もっと有意義なことに使えばいいのにと思う。政治にもあまり興味がないし、基地のことも議論しない。僕が日本人の大学生だったら、アメリカ軍の基地はぜったいに反対しますが、そういうことを話す大学生はほとんどいません。本当は大学生なら自分の勉強だけじゃなくて、社会のいろんなことに興味をもったほうがいいと思います」

コンビニの時給は八二〇円。深夜帯は一〇二〇円まで上がる。最低賃金が七〇〇円台の沖縄では悪くない額だろう。

「コンビニのバイトはもう三年目で慣れましたが、いつも人が足りないので大変です。ずっと募集していますが、もう一年くらい新しい人が来ないです。そこのコンビニは外国人は僕だけですが、オーナーが毎月、一万円とか、多いときは二万円とか給料より多くくれます」

給料外の〝お小遣い〟をくれるというのだ。

「『辞めないでほしい』ってお願いされる。だから、コンビニのバイトは辞めることも考えましたが、オーナーがいい人なので、辞めることができません」

ギャネンドラさんは日本語もうまく、物腰も柔らかなので、きっと接客も丁寧なのに違いない。オーナーの「辞めないでほしい」という言葉は本心だろう。

お客さんが話す沖縄の方言は聞き取りが難しく、たまに酔っぱらいに絡まれることもあるというが、まだしばらくコンビニのアルバイトは続けるという。

「もしかしたら日本でも大学院まで行くかもしれません。日本語もまだまだ勉強したいですし、勉強したいことが増えてきて少し困っています。大学生はあと一年だけですが、それだけではぜんぜん足りません」


**「日本に来てから成長しました」**


両親が大学教授というギャネンドラさんは勉強を続けるのに恵まれた環境にあるが、もちろんそういう留学生がすべてではない。

現在、沖縄国際大学に通うダハル・サントスさん(29)のほうが〝一般的な〟ネパール人留学生かもしれない。

「日本のテレビ大好き。おもしろい。とくに明石家さんまさんが好き。あと、林（修）先生のバラエティ番組とかもおもしろいし、日本のテレビはすごく勉強にもなります」

実家はカトマンズ近郊で農業を営んでいる。サントスさん自身は、ネパールでは商業大学を卒業して、その後、地元の企業でも働いたが、なかなか将来に希望が持てなかったという。

「ネパールでは、若い人は『海外に出て経験を積みなさい』と言われるので、私も留学しようと思った。働きに行くなら、ドバイとかのガルフカントリー（中東の湾岸諸国）へ行く人も多いけど、留学するならヨーロッパがいいと考えました。ヨーロッパなら英語も活かせると思ったので。でも、ビザがなかなか下りなかった。留学ビザが早く下りる国が日本でした。日本のことはあまり知らなかったけど、サイバーカフェ（インターネットカフェのこと）で日本のことを調べてみると興味が出てきて、もっといろいろ知りたくなりました」

日本へ留学している知人から日本に関する情報を仕入れはじめた。

生活費のこと、語学学校のこと、アルバイトのこと、そして日本の文化、日本人のこと……。

最初は東京に行くと決めていたが、いろんな話を聞いて、最終的には沖縄に行こうと考えた。

「東京の生活は、満員電車とか大変だと思うようになったのと、東京の人は忙しくて冷たいと聞いたので、暖かくて住みやすそうな沖縄に決めました」

自分で貯めていたお金と親戚から借金したぶんを合わせて、留学資金の一四〇万円を作った。

来日当初は日本語をまったく話せず、沖縄の日本語学校に入って一から勉強したという。日本語学校に通った一年半はアルバイトをしながら猛勉強し、大学に受かった。いろいろなアルバイトを経験した。ときには飛び込みで「仕事をください」とお願いしたこともあった。

「私はネパールで生まれて二十五年間ネパールにいたけど、日本に来てからの四年間のほうが成長したと思う。だから沖縄の人たちには感謝しています。将来はＪＩＣＡ（国際協力機構）で働くか、日本語と英語を使って旅行会社で働きたい。ＩＴにも興味があるし、沖縄とネパールを繋ぐような仕事ができるのがいいです」

いまはアルバイトの時間を抑えてもっと勉強するために、奨学金の給付先を探しているという。

ギャネンドラさんもサントスさんも、共通して「もっと勉強したい」と言っていたのが印象的だった。

もちろん沖縄で急増しているネパール人留学生すべてが、ここで紹介した二人のような真面目な学生ではない。一方では、先に話を聞いた沖縄ネパール友好協会のラックスマンさんが言っていたように「アルバイトばかりして授業中に寝ている人もいる」というのも事実だろう。〝出稼ぎ留学生〟と揶揄されるような、アルバイトを目的に入国している学生がいるのも確かだ。もしかしたらホテルの受付をしていた留学生がそういった学生だったかもしれない。

## 沖縄とネパールの関係

この四年でネパール人の数が十倍にもなっている沖縄だが、じつは二〇一七年に入ってから入管の審査がいきなり厳しくなった。

同年四月の「在留資格認定証明書（ビザ発給を受けるための証明書）」の交付率は過

去最低水準の33％台で、留学希望者のうち三人に一人しか入国を許可されていない。ネパール人留学生が増えはじめた二〇一一年の交付率が約93％だったのと比べるとかなり大幅なダウンである。

入管が審査を厳格化した理由とはなんだろう。

「沖縄タイムス」の記事によれば、「法定時間（二十八時間）を超える不法就労をしなければ学費や生活費を払えなかったり、出稼ぎ目的で失踪したりする留学生が増えている事態を受け、〝水際対策〟に動きだした格好」ということだが、これに関しては留学生を送り出す側の実態も第五章で詳しく紹介したい。

沖縄ではネパール人に対する在留資格の交付率が急に下がったことで、そのあおりを受けて日本語学校で働く日本語教師のなかには突然解雇された男性もいるそうだ。日本語教師の待遇についても第五章で触れる。

## 留学生の間にはびこる人種差別

ふたたび舞台を東京に移そう。

中国人留学生のDさんと出会ったのは高田馬場の駅前だ。こちらが別の留学生と待ち合わせていたときに、間違えて声をかけてしまったのが彼女だった。都合よくというか、もともと約束していた留学生から三十分ほど遅れるという連絡が入り、お互いに人を待ちながら立ち話をしたのだが、Dさんの言葉にはいくつか驚かされた。

Dさんは、いまは西武新宿線の終点近くのコンビニでアルバイトをしていると言った。年齢を聞くのも忘れ、連絡先の交換もできなかったので、彼女には一度しか会っていない。誰かと待ち合わせをしていると言っていたが、最後には携帯をいじりながら相手にドタキャンされたようなことを言っていた。

長袖のTシャツにスリムジーンズ。肩までの髪を後ろでひとつにまとめ、大きな黒いリュックを背負っていた。

日本に来てから一年半。住まいは日本語学校の寮（独り部屋／家賃三万五〇〇〇円）。新宿の日本語学校に通っていて、十二月にN2の試験を受ける。二〇一八年の旧正月には一度上海の実家に帰るつもり。そう聞いて珍しいと思った。

上海といえば、中国の経済発展の象徴のような街であり、首都の北京と肩を並べるチャイナパワーの中心地だ。

総延長五〇〇キロを超す地下鉄網は、いまや東京を遥かに抜き去って世界一位を誇り、空港と市街地を結んでいるのは世界で初めて実用化されたリニアモーターカーである。

コンビニに関していえば、上海はオンライン決済サービスのアプリを使って本人確認を行い、決済もオンラインで行う完全な無人コンビニの導入も進んでおり、完全に日本の一歩先を行っている（日系のコンビニでは、ローソンが日本に先駆けて上海で無人型店舗の運営をはじめている）。

そんな上海から日本へ留学に来るのはほとんどが富裕層の子たちで、コンビニでアルバイトをする必要もないはずだ。

思ったことを正直に伝えたら、Dさんは「本当は上海じゃない。上海の隣。わたしの家は蘇州」と言った。

「上海は仕事いっぱいあるけど、わたしたちがするような仕事はあまりない。頭のいい人とか会社員は仕事がある」

Dさんは大学には行ってないと言った。

日本に留学した理由を聞いた。

「興味というより、お姉さんがいたから来た」

このお姉さんというのも、よく聞くと年上の親戚という意味だった。

「そのお姉さんが日本に留学して、日本人の恋人作って、わたしもその人に上海で何回も会ったから日本に興味できた」

日本人の恋人について少し話を聞くと、どうやら妻子持ちの会社員ということだったが、「お姉さんに高い時計買ってくれたり、車も買ってくれたよ。四〇〇万円もする車。四〇〇万円高いでしょう。わたしそれすごくびっくりした」。

聞いているこちらもびっくりしたし、「日本人の会社員はなぜそんなにお金ある？」と逆に聞かれて困ってしまった。

その〝お姉さん〟は結局、中国人男性と結婚して現在は上海に住んでいるというが、Dさんは日本留学を決めた。

「日本語は、漢字あるから読むのはすぐ覚えるけど、話すのが難しいね」

将来の目標を聞いたら、目標や夢はとくにないと言った。

「でも、勉強楽しい。中国でもあまり勉強しなかったから、わたしいま一番勉強しているよ（笑）。でも、生活は大変。上海も高いけど、日本も高いね。日本語学校も高い」

授業料は一年半で一五〇万円払ったという。相場よりもかなり高いが、Dさんはその学校がいいのだという。

「ほかの学校には行きたくない。その学校がすごくいいところは、中国人と韓国人しかいないから。色の黒い人たちがいない」

聞き間違えたのかと思ってもう一度聞いた。

「肌が黒い留学生いるでしょう。ネパールとかベトナムとかフィリピンもミャンマーも。わたし、あの人たち好きじゃない。授業料が安い学校、ああいう人たくさんいる。いま働いているコンビニにはいないけど、もし色の黒い人来たらわたしバイト辞める」

肌が浅黒い留学生を嫌う一方、唯一の友だちだという韓国人留学生については、頭がいい、カワイイ、日本語もうまい、とベタ褒めだった。

ネパール人やベトナム人をなぜ好きじゃないのかという問いに対しては、わからない、嫌い、という答えしか返ってこなかった。

何人も留学生を取材してきて、このようなあからさまな差別を目の当たりにしたのは初めてだった。

この数年、世界的に人種差別が問題になっている。もちろん日本もその例に漏れない。反韓・反中のヘイトスピーチを例に挙げるまでもなく、インターネット上には目を覆いたくなるような言葉が溢れている。しかし、まったく悪びれた様子のないDさんを見ていて、人種差別の現実を突きつけられたような気がした。

## ミャンマー人留学生が集まる街

外国人留学生も多い学生の街・高田馬場は、ミャンマー人が多い街としても知られている。高田馬場を含む新宿区には現在二〇〇〇人以上のミャンマー人が住んでおり、そのうちの多くが高田馬場界隈で暮らしているのだ。

駅の周辺には二十軒近くのミャンマー・レストランがある。雑貨屋などの新しい店も次々にオープンしている。駅前のコンビニではミャンマー人の留学生も働いているし、日本人とミャンマー人の交流を助ける「日本ミャンマー・カルチャーセンター」の活動拠点にもなっている。

高田馬場にこうしたミャンマー人コミュニティができた大きなきっかけは、一九八八年に本国で起きた反政府運動だという。八九年には、現在ミャンマーの国家顧問を務めるアウンサンスーチー氏が自宅軟禁され、長きにわたって軍事政権が勢力を強めた。そうした本国の政治混乱から逃れて日本に来た難民も多く、彼らが寄りどころにしていた仏教寺院が高田馬場からほど近い場所にあったのも、周辺でミャンマー人が増えた理由のひとつらしい。

「あの頃はたくさんの人が国を出ていったよ」と言うのは、駅のそばで一軒のミャンマー・レストランを営む中村未来さんだ。ミャンマー出身の中村さんは、もともとは前夫の仕事の関係で台湾に移り住んでいたが、政情不安定な母国に帰るのを諦め、一九九〇年に来日。その後、帰化して三人の子どもを育て上げた。名前も日本名にした。

雑居ビルの地下一階にある店に日本人客はほとんどこないが、中村さんの明るい人柄と現地の家庭料理が楽しめるとあってミャンマー人に人気の店だ。

店のカラオケを目当てにやってくる留学生も多い。店には取材で三回ほど訪れたが、いつもだいたい若いミャンマー人がマイクを握っていた。

「でも、最近の留学生は変わったね」と中村さんは言う。カラオケのモニターにはミャンマーのヒップホップグループが映し出されている。

「ウチは商売だからありがたいけど、ちょっと前は留学生がお酒飲んでカラオケ歌うなんて考えられなかった。みんなちゃんと勉強してたよ」

ミャンマー人留学生の数は二〇一七年に五〇〇〇人を超えた。六万人を超えるベトナム人留学生に比べれば数こそ少ないが、前年度比は約四割増という急増ぶりだ。

いまミャンマーでも日本語ブームが起きている。現地で日本語能力試験を受ける人も増加の一途で、六年前の十倍以上になったという。二〇一七年十二月に行われた試験には現地でも一万人以上のミャンマー人が受験した。

今後はミャンマーからの留学生も増えていくだろう。

**日本で働きたくても働けない**

海外から日本を目指す留学生が増える一方、日本での生活に疲弊し、将来にも不安を覚える留学生も決して少なくない。

「最近はコンビニのアルバイトと勉強が忙しくて昨日もおとといも四時間しか寝てない」と言うのはスリランカ出身のSさんだ。

日本語学校に通いながら目標にしているのはN2の資格だ。二〇一七年十二月、多くの留学生と同じように日本語能力試験を受けた。

「いまはIT系の専門学校に行きたいと考えていますが、まだ迷っています」とSさんは言う。

「この生活が続くと思うとカラダがたいへん。日本に来る前は、日本の大学に行って日本で就職したいと考えていましたが、それはたぶん難しいです。勉強する時間もお金もない」

日本学生支援機構（JASSO）によると、外国人留学生の64％がそのまま日本での就職を望むのに対し、実際仕事が見つかるのは約30％にすぎないという。つまり七割の留学生が日本で就職することなく、母国に帰ることになる。

ASEAN諸国出身の留学生を中心に就職支援を行う企業「NODE」の渡邉健太社長は「日本の企業による外国人採用はまだはじまったばかりです」と言う。

「理念として『グローバル』を掲げる企業は多いですが現状はまだまだ。〝外国人留学生〟というフィルターを通してではなく、日本人の学生と同じように一人の人間として見てくれればいいのですが」

NODEでは留学生に向けた就職セミナーを定期的に行っているだけでなく、中小企業と留学生の交流会なども開催している。

交流会にお邪魔してみると、ベトナム、タイ、インドネシアなどからの留学生がリクルートスーツに身を包み、中小企業の担当者の話を真剣に聞いていた。フリータイムになると担当者を取り囲んで次々に質問が飛ぶ。

「御社ではどのような人材を求めていますか？」

「すでに外国人の社員はいますか？」

「年齢の制限はありますか？」

「昇給に有利な資格はありますか？」

留学生たちから矢継ぎ早に飛んでくる質問に答えていた不動産会社の担当者に話を聞いた。

「弊社は来年からフィリピンとインドネシアに事業所を展開する関係で、きょうはこういう交流会にはじめて参加してみました。留学生たちの熱量というかバイタリティーに圧倒されましたね。わたしは日本人の学生の採用も担当しているのですが、ほんとに見習ってほしいです」

別の会社の人事担当者は「即戦力になるような留学生もいました」と言う。

「うちは取引先の倉庫に行って、主に営業時間外に棚卸の代行をする会社なんです。すでに二〇〇〇人規模で外国人のアルバイトを雇っていて、今回は将来のマネージャー候補を探すつもりできました」

日本の就職活動は独特だ。

留学生に聞くと、「エントリーシートを日本語で手書きで書くのはすごく大変」だし、「SPI（新卒採用の適性テスト）が難しすぎるし、面接のときの言葉遣いも難しい」という。

NODEではこうした留学生の意見を汲み上げ、採用する側にも伝えていくという。しかし、このように留学生の立場になって就職支援をしてくれる会社はきわめて稀だろう。実際、ASEAN人材の採用支援に特化した会社は日本で唯一ということだ。

説明会に来ていたタイ人留学生の言葉が印象的だった。

「日本で就職するのは本当にたいへん。スーツも靴も高かった。説明会に行く交通費も高いです。日本で働きたいという希望はありますが、日本のシステムのなかで自分が働くことができるかすこし心配です」

政府は「留学生三十万人計画」を押し進めている一方、留学生の就職のケアまでは行っていない。将来も日本で働きたいという希望者をみすみす国に帰してしまっている。

本来は国家レベルでのトータルな対処が必要なのではないだろうか。

# 第四章　技能実習生の光と影

## コンビニも技能実習制度の対象に？

二〇一七年九月――。

自宅でこの本の原稿を整理していたとき、非常に興味深いニュースが飛び込んできた。新聞などの報道によれば、外国人技能実習制度の新たな対象職種に「コンビニ」が加わる可能性があるという。

いくつかの記事を読むと、大手外食チェーンやコンビニ各社が加盟する日本フランチャイズチェーン協会という業界団体が申請提出に向けてすでに準備を進めており、問題がなければ近いうちに「コンビニ」も技能実習制度内の職種として認められるだろうということだった。

どれも短い記事で扱いも大きくはなかったが正直驚いた。

もし報道内容が事実であり、「コンビニ」の申請が受理されて許可されることになれば、留学生のアルバイトとはまた別の形でコンビニの外国人スタッフが増えることになるからだ。

しかし、ニュースを知って最初に浮かんだのは「なぜ？」という疑問だった。

いま技能実習制度では農業、漁業、建設業などからパン製造や惣菜製造にいたるまで七十以上もの職種が認められている。二〇一七年十一月には新たに「介護」が加わったばかりだ。

第二章でも触れたように、そもそも技能実習制度は建前としては日本が〝国際貢献〟するために作られた制度である。日本の優れた技術や制度を途上国の若者に習得してもらい、技術移転を図ることで自国の発展に役立ててもらう。決して農業や漁業の現場で人手が足りないから外国人を呼ぶわけではない。技能実習法では、その基本理念として「技能実習は、労働力の需給の調整の手段として行われてはならない」（第三条第二項）と記されている。

ところが実態は、いまでは誰もが知っているように、各方面の労働力不足を外国人労働者が埋めるという単なる人材供給制度になっている。

かねてから制度そのものに問題が多いと指摘されており、一九九三年に制度がはじまって以来、不当労働や人権侵害に当たるケースが数多く報告されてきた。日本経済の一部を支える制度でありながら、海外からは〝現代の奴隷制度〟とも揶揄されているほどだ。国連やアメリカ国務省の人身売買に関する報告書では日本の技能実習制度がたびたび取り上げられ、その都度、改善を求められてきた。

そんな中、新たに「コンビニ」が対象職種に申請されようとしているのだ。

素朴な疑問として、外国人が日本のコンビニで働くことが国際貢献や技術移転になり得るのだろうかと思った。

いろいろと聞きたいことがあったので、当の日本フランチャイズチェーン協会に直接疑問をぶつけてみた。

電話で話を聞いた担当者によると「十一月の法改正で各方面との微調整が必要になったので、年内に申請するという当初の予定はずれ込んでいますが、遅くとも年度内には申請提出できるように最終段階の準備中です」ということだった。

二〇一七年十一月の法改正で技能実習制度に加えられた大きな変更点は以下の二つで

ある。

　ひとつは、これまで最長で三年間だった実習期間が最大で五年まで延長可能になったこと。これは制度そのものが拡大方向にあることを示している。

　それからもうひとつは、「外国人技能実習機構」という法務省と厚生労働省が所轄する機関が新設されて、技能実習生を受け入れる商工会などの管理団体やそれぞれの企業を監督するようになったこと。これまでは入国管理局やＪＩＴＣＯ（公益財団法人国際研修協力機構）という民間組織が制度の管理を行ってきた。

　ＪＩＴＣＯは技能実習制度のスタートにあわせて関連省庁（法務省、厚労省、外務省、経産省、国交省の五省）が共同で作った組織だが、行政指導をする権限はなかったのである。荒っぽい言い方をすれば、単なる官僚や役人の天下り先に過ぎなかった。

　いままで強い権限を持つ監督機関がなかったことが不思議なくらいなのだが、ひとまず国内での監督機関ができたことで、次のような禁止事項も明文化された。
・日本人との待遇格差の禁止
・違法な長時間労働の禁止

・報酬からの不当な経費天引きの禁止
・実習生の意に反して実習期間中に帰国させることの禁止

つまり、裏を返せばこれだけのことが日常的に行われてきたということである。中には実習生のパスポートを取り上げて移動の自由を奪っていた事業所もあるという。まさにこれらが技能実習制度が〝現代の奴隷制度〟とも呼ばれてきた所以なのだが、日本フランチャイズチェーン協会の件に話を戻すと、そもそも協会はなぜこのタイミングで「コンビニ」を新たな対象職種に申請するに至ったのだろうか。

担当者に聞くと「われわれが準備に入ったのはこの一年や二年のことではなくて、四年前（二〇一三年）のことです」という答えが返ってきた。

「その当時、コンビニ業界の話題の中心は『これからどうやって販路を拡大していくか』ということでした。国内のコンビニ市場はずいぶん前から飽和状態にあると指摘されていましたし、将来の人口減のことなどを考えてもマーケットが頭打ちであることは間違いない。ですから海外進出を考える必要があったんです」

それと前後するように海外からも強い要望があったという。

「ご存じのように日本のコンビニのシステムは海外からの評価も高いので、『パッケージ化して輸出してくれないか』ということですね。具体的には中国やベトナムなどのアジア諸国です。協会としましてもそういった国々から実習生を招いて、幹部候補生としてコンビニで働いてもらって、日本のコンビニのシステムを理解してもらえれば国際貢献ができるだろうと。ですから、たとえばセブン‐イレブンさんだとか、ファミリーマートさんだとか、特定のコンビニがそれぞれの看板を掲げて海外進出するために技能実習制度を活用しようと考えたわけではありません」

しかし、事実としてコンビニ業界では慢性的な人手不足が続いている。いままでは外国人留学生に頼らないとシフトが組めない店舗も少なくない。

単なる労働力の穴埋めなのではないのだろうか？　コンビニで働くことが途上国への技術移転になるのだろうか？

「マスコミの方はすぐにそういう捉え方をされますけど、さきほども申し上げたようにこちらは長い時間をかけて準備してきているんですね。（プロジェクトの発足当時は）コンビニでの人手不足はいまのように問題になってはおりませんでしたし、コンビニが技能実習の対象となれば、実習生が幹部候補生として店舗運営の技術やノウハウの一番の理解者となってくれると考えています」

給料についてはどうなるのだろう。実習生の中には過酷な条件で最低賃金以下の給料で働かされていたという報告もある。

「最低賃金は地域によって変わってきますのでそれは各店舗が決めることになりますが、日本人と同じ給料になると思います。法改正で決まった通りです。いま留学生の方々がコンビニでアルバイトをしているのと一緒です」

法改正後、最低賃金以下で実習生を雇っていることが発覚した場合、その事業所は厳しく取り締まられて、認定取り消し処分を受けることとなった。認定の取り消しを受けると、最低でも直近の五年間は実習生の受け入れができなくなる。

日本フランチャイズチェーン協会としては、今回の「コンビニ」の申請はあくまでも国際貢献の範囲内であることと強調したうえで、「できるだけ早く実現できるように準備を進めているところです」ということだった。

申請が認められれば、早ければ二〇一九年には外国人技能実習生のコンビニスタッフが誕生することになりそうだ。

二〇一七年末、この件に関して、ローソンの竹増貞信社長が朝日新聞の取材に応じた。コンビニ業界での実習生受け入れは「人手不足対策ではない」と強調したうえで「やるなら早い方がいい」とコメントしている。また、受け入れは加盟店に任せるのではなく、「各コンビニ本部も一緒になって取り組んでいくべき課題だ」とし、実習生の労働環境などのルールづくりに関しては今後、業界団体と調整していくという。

ちなみに、協会に加盟しているコンビニは、セブン-イレブン、ファミリーマート、ローソン、スリーエフ、セイコーマート、デイリーヤマザキなど。日本のほとんどのコンビニが含まれている。

もし「コンビニ」が技能実習制度の職種として認められれば、コンビニと外国人スタッフの関係はガラッと変わることになる。そして、「コンビニ」がうまくいけば、「レストラン」や「居酒屋」などそのほかのフランチャイズも技能実習制度に加わることになるのだろう。

今後、どのような動きになるのか気になるところである。

## 技能実習生の労働環境

現在、全国には約二十五万人の外国人技能実習生がいる。

彼らのほとんどは単純労働者だ。住居（寮）と仕事場を往復する毎日で、労働環境はいわば閉鎖的な空間と言える。コンビニや居酒屋でアルバイトをしている留学生とは違って、就業中に多くの日本人と関わることもなく、働く様子が世間の目に触れることもない。

その過酷な実態が新聞や雑誌で取り上げられることも多い。

長年にわたって外国人の労働問題などを取材しているジャーナリスト・出井康博氏の『ルポ　ニッポン絶望工場』（講談社＋α新書）などでも詳しく紹介されているので本書では割愛するが、出井氏のルポでは、ホタテの殻剝き工場や宅配便の仕分け現場、新聞配達など、さまざまな職種で働く実習生の様子がリアルに描かれている。

ブローカーや送り出し機関に半分騙されるような形で多額な借金を背負って日本にやってきたのに、搾取されるばかりのまさに絶望的な環境で働かされてきた実習生も少なくない。

先ほどから技能実習制度の暗い面ばかりを強調しているが、当然のことながら制度を利用する経営者のすべてが悪徳というわけではないことをここで断っておく。

経営者の多くは監督機関ができる前から実習生にも日本人と同等の給料をきちんと支払い、正面から彼らと向き合ってきた。

採用の際には自ら現地に出向いて、彼らの家族とも面談することでより親密な関係を築き、実習生がなるべく生活費を安く抑えられるように会社からコメや野菜を支給したり、すこしでも早く日本語を覚えられるように寮にテレビを設置したり、「仕事が終わったら毎日家族に電話をしたい」という実習生のために寮にＷｉ－Ｆｉ環境を整えるなど、ストレスなく働けるような環境づくりに積極的な経営者もいる。

千葉で小松菜などを栽培している農家の知人もベトナム人の実習生を雇っているが、「当然日本人と同じ給料を払ってますよ。たまには鍋を囲んでみんなで晩ご飯を食べることもあります」と言う。彼は本来的な国際貢献、技術移転を果たそうと一念発起してベトナムで農場経営をはじめたところだ。実習生が日本で学んだことを現地で活かせるような仕組みを作ろうとがんばっている。

## 技能実習生の人権を守るために

しかしながら、〝現代の奴隷制度〟とまで言われた技能実習制度が今回の法改正でまったく別の制度に生まれ変わったわけではない。国際貢献、技術移転という制度のあり方には変更がなく、その規模はむしろ拡大方向にある。

「今回の法改正で、政府としては技能実習生の労働環境が大幅に改善されるはずだと説明していますが、根本は変わらないと思います」と言うのは、茨城県弁護士会が構成する「外国人の人権救済委員会」の伊藤しのぶ委員長だ。

茨城県では約一万人の実習生が働いている。全国で見ると愛知、広島、大阪に次ぐ第四位。その数は年々増えており、人権救済委員会としても在留資格や労災問題などに関する法律相談を行っている。

「今回、管理団体や企業を監督する仕組みができたことは一定の評価に値するとは思います。ただ、今後、きちんとした形で正規雇用を認めて労働法制を整えていかなければ、実習生の人権侵害はなくならないのではないでしょうか。通例として、実習生は日本に来る前に働く先の紹介料として現地のブローカーや送り出し機関にマージンを払いますが、その額が一〇〇万円を超えることも珍しくありません。またそれぞれの雇用主と個別に契約を結ぶなかでハズレくじを引いてしまうと、劣悪な環境で働かされることになってしまうのです。監督機関が全国の事業所を実地調査して、二十万人を超す実習生一人ひとりの労働環境を調べることができるのでしょうか」

茨城県は実習生の数が多いだけでなく、ここ数年は毎年三〇〇人以上の失踪者を出しており、近年は立て続けに全国ワースト一位、二位を記録。失踪率は全国平均の1・7％を大きく超えて4％以上になることも珍しくない。

失踪した実習生はどこへいくのだろう。

入国管理局によると、二〇一六年に茨城県内で不法就労が発覚した外国人は二〇三八人にものぼるという。こうした外国人は入管に収容されてほとんどの場合は母国へ送還されることになるが、入管に捕まる前に犯罪グループに合流したり、最悪の場合、失踪後に何らかの犯罪に巻き込まれて死に至るケースさえある。

二〇一六年九月、茨城県坂東市の山林でほぼ白骨化した状態で見つかった遺体は、元実習生の中国人男性であることがわかった。男性は二〇一一年八月に実習生として入国して県内の農家で働いていたが、一年半後の二〇一三年三月に失踪していた。

「失踪者を多く出してしまう背景には、いくつかの共通した理由があると思います。まずは現地で背負った借金を返すことができず、より単価のいい仕事を求めて失踪するパターン。それから実習生の多くが日本語をうまく話せないことも原因のひとつであるように思います」と伊藤氏は言う。

実習生は自国で最低限の日本語を習得してから日本へ来ることになっている。しかし、その日本語レベルはまちまちだ。現地で実習生をまとめる送り出し機関によっても程度の差がある。

実習生は技能を習得するために、定期的に実技試験や学科試験を受けることが義務づけられている。高度な日本語は必要ないが、ある程度の日本語は読み書きできなければならない。

前述のように、なるべく早く日本語を覚えてもらおうと寮にテレビを置いたり、日本語の勉強会を開く経営者もいるが、中にはまったくケアをしない事業所もある。

「実習生はどうしても閉鎖的な環境で生活していることが多いので、日本語でコミュニケーションを取るのが苦手な人も少なくありません。日本語が話せないので、誰かに相談したいことがあってもどこに行けばいいのかわからない。試験に通らないことを悲観してアテもなく失踪する実習生も多いように思います」

実習生はその都度試験に合格しないと在留資格が更新されない。最終的に合格できなければ、その時点で帰国するしかない。もしくは失踪だ。

「人権救済委員会ではそうした事案を少しでも減らそうと、相談窓口を増やそうとしていますが、広報してもなかなか現場まで届かないという実態もあります」

今後の課題としては、九カ国語で案内されている県の国際交流協会のホームページからリンクを貼ったり、実習生が出入りするようなお店などにチラシを置いてもらったり、地域のイベントに参加するなど、草の根的な運動を続けていくつもりだという。

## 留学生が実習生をトレーニングする？

法務省の報告によると、失踪する実習生の数は年々増加している。二〇一一年に一五三四人だったものが二〇一五年からは三年連続で毎年五〇〇〇人以上が失踪している。

今回の法改正によってそれが改善されるかどうかは、二〇一八年以降の結果を見ていかなければならないが、もし「コンビニ」が技能実習制度に適用された場合、どうなるのだろう。

「コンビニ」はほかの技能実習制度の職種と違ってレジを扱う。当然、現金だけでなく、電子マネーやクレジットカードを扱うことになる。はたして全国平均で1・7%、つまり五十人から六十人に一人が失踪してしまうような制度に則って運営していくことができるのだろうか。

実習生の日本語レベルも問題になるだろう。

現在、ローソンがベトナムなどで展開しているような研修施設が増えて、ある程度の日本語とコンビニで働く知識を蓄えてからということになるのだろうか。コンビニ各社に問い合わせてもその辺りは明瞭な答えは返ってこない。

実際には日本語能力が高く、アルバイト経験も長い留学生が現場でトレーニングを行うのかもしれない。もしくは第一章で紹介した潘さんのようなトレーナーが実習生たちの研修をするのかもしれない。しかし、対応するにも限度があるだろう。

現時点でわかっていることは、「コンビニの外国人の働き方が多様化する」ということだけだ。

## 沖縄ファミリーマートの「留学生インターンシップ」

近い将来、技能実習生もコンビニで働くようになる可能性が高いことを紹介したが、一般的な私費留学生でもなく、実習生でもなく、日本のコンビニで働く外国人の事例をもうひとつ紹介しておきたい。

取材したのは沖縄のファミリーマートである。

沖縄全県で三二〇店舗を展開する沖縄ファミリーマートは、全国にあるファミマとロゴや看板は一緒だが、株式会社ファミリーマートが単独経営しているコンビニではない。いわゆるエリアフランチャイザーと呼ばれる経営方式で、株式の51％は沖縄県で百貨店やスーパーマーケットを経営するリウボウグループが保持している。

品揃えも独自のものが多く、「タコライス」や「ゴーヤー弁当」「ポーク玉子おむすび」などをオリジナルで開発し、ヒット商品となった。こうした〝地元限定〟の商品は観光客からも人気となり、いまでは全商品の三割近くがローカライズ商品だという。

観光客の間では「ファミマに行けば沖縄限定の商品がある」という認識が浸透しているのだ。

この経営路線が功を奏して、各店舗の一日あたりの売り上げ（日販）も伸びた。いまでは当初の倍を超える六二万円にまでなったという。ちなみにこの日販六二万円という数字はかなりのものである。

大手三社の全国平均の日販をみるとわかるのだが、業界トップのセブン-イレブンが約六六万円、競合のローソンは一〇万円以上の差をつけられて約五五万円、ファミリーマートは約五三万円となっている。つまり、沖縄ファミリーマートは本家よりも稼ぐコンビニなのだ。

また業界初となる地域密着型のWebマガジン「週刊ファミマガ」を発行したり、創立三十周年を記念して音楽フェスを開催するなど独自色が強く、〝業界の異端児〟と言えるかもしれない。第一章で『遠く離れた同じ空の下で』という日越合作のドラマを紹介したが、沖縄ファミリーマートはこのドラマの制作費をサポートしたり、ロケ地を提供するなど、特別協力という形で関わっている。

そんな沖縄ファミリーマートが二〇一六年からはじめた新しい試みが、「留学生インターンシップ」である。

その概要を総務人事部の當間重政部長に伺った。

「簡単に言うと、とくに観光客の多い夏休みの間だけ、台湾から学生を呼んでサマージョブでアルバイトをしてもらうという試みですね」

サマージョブというのは、夏休みなど三カ月を超えない範囲で外国人留学生が働くことのできる特定ビザのことだ。

「いままで沖縄でサマージョブ制度を利用した企業はなかったそうですが、私たちは台湾の文藻外語大学と提携を結びまして、日本語学科の学生を招くことにしました。インターンシップですので、コンビニで働くと学生は単位がもらえるという仕組みです」

宿泊所も沖縄ファミリーマートが準備した施設を使えるので、学生は夏休み期間中に単位をもらって、アルバイト代ももらえるという。

シフトは午前十時から午後六時まで、一時間の休憩あり。

「土日は休みなので、私が海に連れていったり、彼女たちが行きたいという観光地にも案内しました。孫みたいな感じですよね」

至れり尽くせりの対応だが、彼女たちというのは、今回インターンシップに参加した三人の台湾人留学生のことだ。沖縄ファミリーマートとしてもまだ試験的な取り組みであり、人数は今後増やしていくということだった。

しかし、なぜ台湾の外語大学の狙い撃ちなのだろうか。

「まずは日本語が話せるということ。それから距離的なことがありますよね。那覇から台北なら飛行機で一時間半。文藻外語大学のある高雄でも一時間五十分です。子どもを預ける親御さんにしても、沖縄なら文化的にも近い部分があるし、安心なのではないでしょうか」

また沖縄ファミリーマートは台湾のファミリーマートとも関係が深く、沖縄明治乳業と共同開発した「シークァーサーバニラバー」などのアイスを現地の店舗でも販売している。留学生にとってもファミリーマートでアルバイトすることにそれほど違和感がないという。

「でも、我々の本音は、中国人観光客の方々を相手にしたインバウンド需要です。コンビニを利用する中国人のお客様の相手をしてもらうだけでなく、今回のアルバイトをきっかけに、将来的には百貨店や空港の店舗などを経営しているリウボウグループで働いてもらえる人材が見つかればいいと考えています」

それぞれの留学生にも話を聞いた。

大学四年生の陳小玲さん（21）は、沖縄ファミリーマートでのアルバイトが人生初のアルバイトだったそうだ。

「私は声がちょっと低いのですが、店舗のスタッフさんに『もうちょっと声を高くしたほうがいいよ』と言われて『ナルホド！』と思いました。これから台湾でアルバイトや仕事をするときも気をつけたいと思います。あと、一緒に働いていたネパール人のスタッフたちは日本語がすごい上手で最初はびっくりしました。私の日本語もこの夏休みでだいぶ上達したと思います。百貨店での研修もあり、敬語の使い方もすごく勉強になりました」

同じく大学四年生の楊恩閑さん（21）は、今回沖縄でアルバイトをしたことでもっと日本語が勉強したくなったと言う。

「最初は日本人のお客さんが早口で聞き取れないこともありましたが、だんだんと慣れました。中国のお客さんも私が中国語を話せるとわかると早口でしたが、まずは並んでください！　と思いました（笑）。あと、中国人のお客さんは『これが欲しい』と古いタバコのパッケージを見せてきて、たとえばマイルドセブンがもう別の名前になっちゃったとか説明するのが大変でした。将来は日本で働くことも選択肢のひとつになったと思います。東京はなんとなく怖いけど、沖縄だったら近いし、気候や食べ物も似ているので安心できると思います」

大学三年生の黄郁柔さん（20）も「毎日忙しかったけれど、すごく勉強になりました し、沖縄は将来の就職先の選択肢の一つに入ると思う」と話してくれた。

現在、沖縄ファミリーマートは全県で三二〇店舗。二〇一八年中には三五〇店舗を目指すというが、二〇一九年にはセブン-イレブンが沖縄上陸を表明している（現在、セブン-イレブンがないのは四十七都道府県で沖縄県のみ）。

「セブン-イレブンさんは強敵ですけど、これからはもう東京発信の時代ではないと思いますし、うちは地元密着かつグローバルな戦略でやっていこうと思っています。とくに沖縄は観光県なので、コンビニにも観光客を呼び込まないと売り上げが左右される。そういう点でも留学生やインターンの方たちに期待する部分は大きいですね」

當間部長が言うように、観光客の多い沖縄のコンビニはたしかに客層もそのほかの地域とはずいぶん違うだろう。英語や中国語を話せるネパール人や台湾人・中国人の役割もほかの地域より大きいはずだ。

コンビニと留学生の関係も、インターンシップ制度を軸に、観光県ならではの独自なシステムが構築されていくのかもしれない。

この制度に可能性を感じた理由は、取材した彼女たちから聞いた「今回の経験がほかの仕事でも役に立つと思う」「将来、沖縄で就職することも選択肢のひとつになった」という言葉と、なにより彼女たちの笑顔だった。

# 第五章　日本語学校の闇

## 九割が留学生という大学

テレビの仕事で外国人の街録（街の人のコメント）がほしいとき、まっさきに思い浮かぶ場所がある。

渋谷のスクランブル交差点だ。いつ行ってもたくさんの外国人観光客がいるのでコメントを集めやすい。信号が青になると、交差点の真ん中で記念撮影をしたり、スマホで自撮りしながら交差点を渡る観光客も多い。

なぜ外国人が多いのかといえば、渋谷駅前の交差点は〝世界一忙しい交差点〟として海外にも知られているそうで、外国人観光客に人気のスポットになっているからだ。

「だって一日で五十万人もこの交差点を使うんでしょう？　一回の信号で三〇〇〇人？　それだけの人が渡るのに交通事故もないし、誰もぶつからないなんてすごいことだよ！

すごく日本らしい場所だと思う」ということらしい。

仕事の関係上、渋谷にはよく行くのだが、駅からわずか三分の場所に多くの外国人留学生が出入りするビルがあるのは知らなかった。

そのビルは渋谷の街を見下ろすセルリアンタワーのふもとにある。国道２４６号から一本路地を入った場所だ。日本経済大学（旧第一経済大学）の渋谷キャンパスだという。都心の大学によくあるタイプのビル型キャンパスである。

運営母体は福岡を本拠とする都築学園グループという学校法人。幼稚園から専門学校、大学、大学院までを全国規模で運営している。

渋谷キャンパスが開学したのは二〇一〇年。初年度は学生の99％が外国人留学生だったそうだ。大学のホームページによると、二〇一七年度は中国、ベトナム、ネパール、バングラデシュなど十七カ国から学生が集まっており、学生全体のうち九割が留学生。日本人学生のほうが圧倒的に少数派なのだ。

声をかけた日本人学生（一年生）の二人連れは「授業は日本語ですが、まだ外国人の生徒に友だちがいないので肩身が狭いです」と語っていた。

昼時になれば、周辺は留学生たちの賑やかな声で溢れ、コンビニにも長蛇の列ができる。すぐ近くのセブン－イレブンで働くベトナム人留学生もその様子に「最初はビックリしました」と言う。

「お昼も大変ですけど朝も忙しい。朝ご飯とか飲み物を買う人が多いので、コンビニの中が留学生でいっぱいになります」

日本経済大学は福岡と神戸にもキャンパスを構えている。渋谷キャンパスにあるのは経営学部経営学科。「総合経営コース」「起業・事業継承コース」「ＡＩ産業コース」などのほか、「ファッションビジネスコース」など全部で七コースあり、約二五〇〇人の学生たちが学んでいる。卒業すればもちろん学位が授与される。

留学生の初年時の授業料は入学金を含めても八五・五万円（日本人の場合は一一四万円）。一般的な私立大学と比べるとかなり安いのも人気の理由のひとつだろう。

日本人学生だけを相手にしていては学校経営が厳しくなるばかりの大学全入時代において、日本経済大学は留学生に特化した経営に舵を切った。今後、こうした経営スタイルが増えていくのかもしれない。

渋谷という土地柄だろうか、ファッションにお金をかけている留学生も少なくない。

比較的裕福な家庭出身の留学生が多いのだろう。

ビルの半地下にあるカフェテリアでは、すこし濃い目のメイクをした女子留学生がテーブルの下で組んだ脚をぶらぶらさせて、長い間スマホをいじっていた。その様子は、コンビニで見かけるタイプの留学生とはだいぶ違って見えた。

## 中国人専用の予備校に通う留学生

いわゆる富裕層の留学生の中には、専門の予備校に通って日本の難関大学を目指す者もいる。

現在、十万人を超え、日本にいるすべての留学生のうち三割以上を占める中国人留学生の間で有名なのは、「名校志向塾」や「行知学園」といった中国人留学生のための予備校である。

新宿や高田馬場には、日本人にはほとんど知られていないこうした中国人専用の予備校が十数校ある。その中で在校生一二〇〇人と最大規模を誇る「名校志向塾」は、東大大学院卒で情報理工学の博士号をもつ豊原明氏が二〇〇九年に立ち上げた。豊原氏は日本に帰化した中国出身の若手経営者だ。東大在学中、日本の難関大学を目指す後輩の中国人留学生たちから受験勉強の方法について聞かれることも多く、学生時代にこのビジネスを思いついたという。

教科書は日本の大学受験のために中国で出版された教科書を使い、授業も中国語で行われる。教師はアルバイトを含めて約一五〇人。運営サイドもすべて中国人で日本の一流大学に優秀な中国人を次々と送り込んでいる。

二〇一六年度の合格実績をざっと挙げると、東京大学九名、京都大学十名、早稲田大学八十四名、慶應大学三十七名というから中国人留学生の間で有名なのも納得の数字である。

ほとんどの学生は、平日の昼間は日本語学校に通い、平日の夜と週末に予備校に通う。そのためアルバイトをしている余裕などはない。留学生にしてみればダブルスクールになるわけで、当然のことながら学費も高くつく。

なかには授業料として四〇〇万円近く払って完全個別授業の特別カリキュラムを要望する親もいるという。中国バブルはすでにはじけたとも言われているが、中国の富裕層はケタが違う。

しかし、なぜ彼らはそこまで熱心に日本留学を目指すのだろうか。

当の中国人留学生に質問すると「日本の大学のほうが自由ですから」という優等生的な表向きの答えが返ってきた。

「でも、本当に頭のいい人は、北京大学や清華大学に入ります」

中国はいまや世界一の演算速度を誇るスーパーコンピューターを製造する国であり、スパコンの保有台数でもアメリカを抜き去って一位になった。ここ数年の爆発的な勢いでIT大国となった中国の成長率は凄まじく、IT関連のトップ一〇〇社による研究開発費は二〇一六年からの一年で約30％増えて、一兆二〇〇〇億円を超えた。

いつまでも中国をパクリとニセモノの国と思っている人は認識を改めたほうがいい。

二〇一七年に文科省直轄の科学技術・学術政策研究所がまとめた報告では、中国は科学技術系の研究者の数も世界一位。論文数でもこの十年で大幅に増えてアメリカに次ぐ世界第二位と発表された。ちなみにかつて世界第二位を誇った日本の論文数は、現在はドイツにも抜かれて四位まで後退。中国の論文二十二万本に対し、日本はその三分の一にも満たない六万四〇〇〇本という結果になっている。

科学技術分野での中国の躍進を支えているのはチャイナ・マネーによる部分も大きい

が、底支えしているのは人的資産だ。中国の学生はよく勉強する。中国は日本に勝る超学歴社会なのである。

それはある意味当然のことだ。なぜなら、人口十三億を超す国でエリートになろうと思ったら、ライバルを押しのけて過酷な椅子取り合戦を勝ち抜かなければならないのである。

中国で大学へ進学するには、年に一回行われる「高考（ガオカオ）」という一〇〇〇万人規模の統一試験の結果がすべて。日本のように二次試験で一発逆転を狙うこともできず、そもそも大学ごとの試験がない。つまり、「失敗したから次でがんばろう！」はないのだ。中国のエリートはたった一回のテストで難関の北京大学や清華大学を目指すのである（北京大学は二〇一七年の「アジア大学ランキング」で二位、清華大学は三位。東大はかつての一位から七位に転落、京大は十一位）。

試験の結果でその後の人生も決まってしまうため、受験生は毎年六月の試験日には極度の緊張を強いられることになるという。

あまりにも過酷な受験戦争は〝現代の科挙〟とも言われるそうだ。そこにゆとりや自由はない。

「大学に入ってからも競争は続きます。まぁ、中国人はたくさんいるからいつでも競争。これは仕方ない。だから日本の大学の自由な雰囲気がすごくいい。のんびりした雰囲気に憧れる中国人が多いです」

皮肉にも聞こえてしまうが、日本の大学が自由というのは表向きの答えではなかったようだ。

中国の大学は、いまでも毛沢東思想概論やマルクス主義が必須授業に指定されており、それを無駄と考える留学派も多いのだという。また教授が絶対で、高校時代と変わらぬ詰め込み教育に反発する学生も少なくない。「軍訓」と呼ばれる軍隊訓練も不人気だ。そういった中国の大学の風潮を嫌う〝準エリート〟が、自由な校風の海外の大学を目指すという側面もあるらしい。

「でも、留学を目指す人たちでもトップクラスの人はハーバードとかアメリカの大学に行きますね。日本に来る留学生は北京大学もハーバードも受からない人」

東大、京大に受かるような優秀な学生でも中国本土の超エリート集団の中では目立たない存在ということなのだろう。

## 全国に六〇〇校以上、乱立する語学学校

さて、「留学生が九割という大学」と「中国人ばかりの予備校」の例を見たが、一般的な私費留学生が日本語学習をスタートさせるのは日本語学校である。

日本語をほとんど話せないN5ランクの留学生も、自国である程度日本語を学んでN4、N3レベルで来日する学生も、まずは法務省に認可を受けた正式な日本語教育機関である日本語学校に籍を置くわけだ。

交換留学などでいきなり大学へ入る場合は別として、そもそも日本語学校が入学許可を出さなければ、それぞれの留学希望者は「留学」という在留資格を得ることができない。

日本語学校で学ぶのは最長で二年三カ月までと決められていて、その間に進学先が決まらなければ、留学ビザは取り消されてしまう。

もちろん半年で日本語学校を卒業して専門学校や大学へ進む留学生もいれば、二年の満期を終えて進学も就職もできずに帰国する留学生もいる。

「だから日本語学校の生徒はほんとにいろいろな子がいます」と言うのは、都内の日本語学校で日本語教師として働く三十代の女性だ。

「食費を切り詰めてアルバイトしながら貯金している子がいる一方で、親からかなりの額の仕送りをもらっていて買いたいものは何でも買えるという子もいます。授業態度は、基本的にはみんな真面目ですよね。もちろん不真面目な学生もいるし、いくら注意してもカンニングしてしまう学生もいますけど、根は真面目で純粋な子が多いです。あるクラスでは、最後の授業の日に生徒たちがサプライズで『旅立ちの日に』を歌ってくれました。みんなで歌詞を覚えて練習したんでしょうね。思わず泣いちゃいましたよ。留学生はがんばっている子が多いし、こっちもがんばらなきゃと思います」

日本語学校は、留学生にしてみれば日本語や日本の文化を修得する学び舎であると同時に、異国での自分の立場を受け入れて保証してくれる大切な場所でもある。

そんな日本語学校が現在では全国に六四三校を数える。全国の私立大学より多い数だ。しかも二〇一七年だけで八十校、この五年間で二〇〇校以上増えた。異常なハイペースである。

学費は決して安くない。

「授業料国内最安値」を謳う奄美大島の語学学校でも一年間の授業料は約五九万円で、

初年度にかかる学費の合計は約七八万円である（入学金、施設使用料など含む）。一般的な日本語学校は、授業料はだいたい六〇万～八〇万円というのが相場だ。そこに入学金や教科書代が加算される。聞いたところでは年間の授業料だけで一五〇万円という超高級な日本語学校も新設される予定だという。

ちなみに河合塾や駿台など大学受験用の大手予備校の学費は七〇万～九〇万円程度（通常授業に夏期・冬期講習や入学金などすべて合わせた額）なので、一般的な日本語学校の学費とほとんど変わらない。

しかし、日本語学校の場合は、丸一日授業に費やされる予備校と違って、授業は午前中だけ、もしくは午後だけというところが多い。学費はかなり割高だと考えていい。

## 年収一〇〇万円の日本語教師

それなりに高い授業料で留学生を教えている日本語教師の給料も気になるところだ。かなりの厚待遇かと思ったが、ツイッターで知り合った三十代の日本語教師は「むしろ、待遇は悪いんじゃないですか」と言う。

匿名を条件に思いのうちを語ってくれた。

「日本語教師の割合は、業界全体では非常勤が七割、専任（常勤）が三割と言われてます。でも非常勤だとぜんぜん稼げませんよ。だいたい四十五分～五十分の授業のコマ給（一授業あたりの報酬）が一六〇〇円～一八〇〇円。それで一日平均で三コマ、週に十五コマ持つのがやっとですね。だから非常勤じゃ生活できません。学校をかけもちしてがんばってる人もいるけど、仕事をリタイアしたおじさんが趣味の範囲でやってたりとか。あとは主婦の人とかが多いのかなぁ。僕は専任ですけど、月の手取りは二〇万円いくかいかないか」

非常勤だと週給で三万円に届かないことがほとんどで、「年収はおそらく一〇〇万円もいかないでしょう」と言う。専任でも年収は多くて三〇〇万円程度というから想像していたよりかなり低い額だ。

「一日五コマ入るとヘトヘトですが、時には七コマ入ることもあります。いや、ほんと、コンビニのバイトのほうが割がいいと思います。カリキュラムが決まっていると言っても、こちらに丸投げされることも多いし、クラスごとに教案（授業内容）を必死に考えて、宿題をチェックして、試験を作って採点して……。わざわざ養成講座を受けて『外国人に日本語を教える』という夢を持ってこの業界に入ってくる人も多いですけど、離職率も高いですよね。若い人は海外の日本語学校に教えにいって、しばらくはがんばるけど、思ったように稼げないし、身を持ち崩して、海外で沈没しちゃう人も少なくありません」

それでも彼は日本語教師をもう少し続けるつもりだ。

「体力と精神が続く限りはやってみようかと(笑)。授業中に学生がずっと寝ていたり、スマホをいじってたりすると、心が折れそうになりますが、それでも日本語が上手になっていく様子を間近で見ているのは楽しいんですよね。学校側に搾取されているのはわかってるけど、留学生に『先生ありがとう』とか言われると『もう少し続けようかな』って思うんです」

割高な授業料が日本語教師に還元されているわけではないようだ。

では、いったい――。

## 教師一人で留学生一〇〇人という現場も

現在、法務省は日本語学校の教員要件のひとつとして「四二〇時間の日本語教師養成講座の修了」を掲げている。希望者は何十万円もする授業料を特定の日本語学校などに払ってそうした講座に通い、さらに「日本語教育能力検定試験」に合格してようやく日本語教師になれる仕組みだ。だが、よく考えると、一部の日本語学校は教師を目指す人からも生徒からもお金を取っていることになる。「教える側」と「教わる側」の両方から利益を得ているということだ。

「学校側に搾取されている」という教師の言葉の意味は深い。日本語学校が抱える闇の一端を垣間見た気がした。

もちろんすべての日本語学校がブラックなわけではないし、教育者として誇りを持って熱心に教育に臨んでいる経営者もいるはずだ。

しかし、前出の日本語教師の言葉を借りれば、「良質な日本語学校がごく一部で、ほとんどの日本語学校が〝問題あり〟だと思います」ということだ。

「うちの学校はまだましなほうですけど、日本語学校のなかには、学校というよりただの人材派遣会社になりさがっているところもありますしね」

人材派遣会社になりさがっている、とは放っておけない言葉だが、この件については後の項目で触れるとして、ほとんどの日本語学校のどのような点が〝問題あり〟なのだろうか。

まずは日本語学校の善し悪しを測るわかりやすい基準である「ST比」を見てみたい。「ST比」というのは教員（T）一人当たりの学生（S）の数のことだ。当然、その数が少ないほどきめ細やかな教育ができるとされる。

法務省が新しく定めた規定では、日本語学校はこのST比が二〇二〇年には四十より小さくなるように求められている。しかし、二〇一七年の段階で、中には数値が一〇〇を超すような学校もあり、六〇〇校のうち半数近くは法務省の調査の呼びかけに協力すらしていないという有り様である。

教師一人に対し、日本語がきちんと話せない生徒一〇〇人という状況は異常だろう。まともな授業ができるとは到底考えられない。

調べてみると、なかには「学校法人」「各種学校」として登録されていない日本語学校もある。日本語学校の善し悪しを測るひとつの基準となる「N1、N2の合格率」がゼロ%という学校もあった。現場で働く教師にとっても、学生にとっても〝いい学校〟とはほど遠い日本語学校が多すぎるのだ。

ここ数年、日本語学校は三十校〜五十校というペースで増加し、二〇一七年には過去最高の六四三校を数えた。最近は不動産会社や人材派遣会社、健康食品会社といった異業種からの参入も相次ぎ、教育機関としての質の低下も懸念されている状況だ。

しかし、なぜこれほど日本語学校が増えているのだろうか——。

後ろ盾としてその背景にあるのは、政府が進める「留学生三十万人計画」だ。しかし、ひと言で言えばうまみがあるからだろう。

留学生ビジネスは儲かるのである。留学生からは高い学費を取り、日本語教師は使い捨てのように雇い、一部の経営者だけが甘い蜜を吸っている。

法務省は二〇一七年八月から新設校の審査基準を厳しくしたものの、対応が少し遅かったようだ。

## 日本語学校の管理ははじまったばかり

これまで日本語学校の設立に関する審査は、ほぼ書類上でしか行われてこなかった。

主な手順は以下の通り。

①学校設立に向けた申請書を法務省（入国管理局）に提出
②法務省が学校設備などのハード面を審査

③文科省が授業内容などのソフト面を審査
④法務省が一連の審査をまとめ最終的な許可を下す

日本語学校は外国人に「留学」という在留資格を付与する機関とはいえ、本来的には教育機関であるはずだ。その審査を法務省が仕切っていることにも疑問がある。逆に言えば、日本語学校の〝教育の質〟を一元的に管理できるような機関がないということだ。一旦認可されてしまえば、ごく稀に入管からの審査が入る以外は、事業内容に変更がないかぎりはほぼ認可されたままだった点も、質の悪い日本語学校を増やしてしまった要因のひとつだろう。

しかし、ようやくではあるが、二〇一七年八月からは法務省の対応も厳しくなり、以下の基準に違反した学校は認可が取り消されることとなった。

・全生徒の一カ月あたりの平均出席率が五割を下回るとき
・入学者の半数以上がオーバーステイ、もしくは失踪したとき
・生徒に人権侵害が行われたとき

法務省と同様に、これまで日本語学校の活動調査に対して本腰を入れていなかった文科省も基本情報の提出を求め、サイト上での公開を決めた。

また日本語教師養成講座に関しては文化庁が届け出を求めるようになった。しかし学校の内容や養成講座のカリキュラムのチェックなどは行っておらず、認可取り消しなどの権限はない。

日本語学校に対する本格的な管理は、六〇〇校を超えた段階に入ってようやくはじまったばかりなのだ。

## 日本語学校が留学生の書類を偽造

この数年、日本語学校による不祥事は枚挙にいとまがない。

二〇一一年の東日本大震災以降、日本の留学ビジネスの中身は大きく変動したと言われているが、ビジネス内容の変化と不祥事の増加には因果関係がありそうだ。

震災後、韓国や台湾からの留学生の数が急激に減ったことで、多くの日本語学校は経営危機を回避するためにベトナムやネパールからの募集に力を入れはじめた。そのあたりから金儲け優先のビジネスに走る学校が増えてしまったのかもしれない。

日本語学校の不祥事は国内外のメディアでも頻繁に取り上げられている。二〇一七年二月には一部の中国メディアに次のような記事が載った。

「日本では悪徳な日本語学校や専門学校が乱立しているので騙されないように注意しましょう」と留学生に呼びかけた内容だ。

記事では、ある専門学校で撮影されたという動画が取り上げられていた。その動画には教室の後ろで留学生十数人が集まりポーカー賭博に興じている様が映っていたそうだ。教室の前方では授業が続いているが、机の上には千円札や小銭が無造作に置かれていて、前を向いて授業を聞いているのは女子生徒一人だけだった。

ポーカーで一日に二万円稼ぐ生徒もいたという。

完全に学級崩壊していることにも驚くが、もっと驚かされたのは「その専門学校の大半の生徒が特定の日本語学校から強制的に入学させられていた」という学校関係者の証言だ。

強制的に、とはどういうことだろうか。

じつは日本語学校と専門学校が結託して留学生を囲い込んでいたというのだ。

本来であれば、留学生が専門学校へ入学するには語学学校の卒業予定証明書などが必要なのだが、日本語学校側が書類を偽造するなどして卒業資格のない留学生も専門学校に入学させていたというのである。

ポーカーにかまけているような不良留学生は、退学になって留学ビザが剝奪されてしまえば自国に帰るか失踪するしかない。それが嫌ならお金を払って専門学校に入学しなさいということなのだろう。

動画に映っていた専門学校は、開校当初の定員は三六〇人だった。それが二年目で八六〇人にまで急増したという。しかも学生の約八割が同一の日本語学校を〝卒業〟した学生だった。

専門学校や私立大学の中には、日本語学校からの入学枠を堂々と謳っているところも多い。その実態は日本語学校とのなんらかの癒着を示すものだろう。

日本語学校から一定の留学生を確保できれば、受け入れ先の専門学校や大学も安定した経営ができる。大量に確保できれば大きく稼ぐことができる。

もちろん学校経営もビジネスだ。

経営者は利益を追求しなければならない。だが、外側から見ていると、現場の日本語教師の思いと経営側の思いはかけ離れていて、主役であるはずの留学生が搾取の対象になっているようにも感じる。

## 人材派遣業化する日本語学校

日本語学校が〝人材〟を派遣する先は専門学校や大学に限った話ではない。留学生のアルバイト先を違法にあっせんして摘発される日本語学校も少なくない。先に取材した日本語教師の男性が言っていた「人材派遣会社になりさがってしまった日本語学校」とはこの手の学校のことだ。いくつか例を取り上げる。

### ○留学生の通帳を学校が管理

二〇一六年一月、福岡県直方市の日本語学校「JAPAN国際教育学院」を経営する会長、理事長、副理事長ら男女三人が出入国管理法違反（不法就労助長）の疑いで逮捕された。

新聞の報道によれば、ベトナム人留学生四人にアルバイト先を紹介して、法定の上限である週二十八時間を超えて働かせたというもの。当然、ベトナム人留学生の四人も不法就労の容疑で逮捕された。

経営者らは、約一八〇名の留学生に約五十社のアルバイト先を紹介していたが、現場が遠い場合は学校からバスで送り、アルバイトの掛け持ちがバレないよう複数の給与振込口座を作らせていたという。

その手口は巧妙で、それぞれのアルバイト先で二十八時間を超えないように一覧表にして調整し、さらに通帳は学校が管理していた。授業料などを確実に徴収するためだ。

「ＪＡＰＡＮ国際教育学院」は事件発覚から二カ月後に廃校となった。

### ○学校を新設するために留学生を働かせる

二〇一六年十一月、栃木県足利市の日本語学校「東日本国際アカデミー」の理事長が入管法違反（不法就労助長）の疑いで逮捕された。同容疑者は、ベトナム人留学生二人を自身が経営する人材派遣会社「東毛テクノサービス」で雇用し、パスポートを取り上げたうえで、群馬県邑楽町の倉庫で違法に長時間働かせたという。

留学生の多くは学校が寮として借り上げたアパートで共同生活を強いられていた。家賃四万円で２ＤＫの部屋に最大で六人の留学生が共同生活していたが、それぞれの留学生に対しては〝寮費〟を二万〜三万円として、一部屋で一二万円以上徴収していたケースもあるという。

留学生の多くがアルバイトをしながら二年目以降の学費を払っていた。しかしながら三十七名の留学生は学費や寮費を天引きされ、実質手取りゼロで働かされていた。食費が捻出できずにビスケットだけで過ごしていた留学生もいる。そうした環境に耐えきれず、失踪した留学生も二十人以上になるという。

組織ぐるみで入管向けの資料も改ざんし、留学生の就労時間や休憩時間も書き換えられていた。

この事件で驚かされたのは、留学生を長く働かせ、高額な家賃などを徴収していたその理由だ。

じつは学校側は、新たな日本語学校を開設すべく、隣接する佐野市内に中古のマンション一棟を購入していたのだ。そのマンションを全面改装し、下層階を教室に、上層階を留学生の寮として活用する予定だった。銀行から借り受けた金は一億八五〇〇万円になり、返済額は月額で二〇〇万円以上だった。

逮捕された理事長は、その借金返済のために留学生を不当に働かせており、学校職員には「派遣の収入がなければお前らの給料も払えない」などと公言し、一人でも多く、長く働かせるように指示していたという。

表面上は日本語学校だが、外国人留学生から搾取することを目的とした悪徳人材派遣会社だったというケースだ。

フェイスブックにはまだ公式ページが残っており、学校の経営が悪質化する前だろうか、スキー合宿を楽しむ留学生たちの様子などがアップされている。

### ○留学生に強制労働

二〇一七年三月、宮崎県都城市で日本語学校「豊栄インターナショナル日本語アカデミー」や高齢者介護施設「豊の里」などを経営する経営者ら五人が、留学生を強制労働させた疑いで逮捕された。

入管法違反ではなく、強制労働など労基法で日本語学校の経営者らが逮捕されたはじめてのケースだ。

労基署によると、インドネシア人留学生六人を自らが経営する介護施設などで働かせていたという。

経営者らは、学費が後払いで留学できると宣伝して生徒を集め、あらかじめ留学と労働が一体となった契約を結んだ上で、給料から入学金や授業料などを天引きしていた。留学生の賃金は手取りでわずか月額一万四〇〇〇円程度だった。

週に二十八時間という留学生の就労制限や宮崎県の最低賃金は守られていたが、契約で退学時の違約金（約三六万円）も設定し、マイナンバー通知カードも預かってアルバイト先を変える自由を奪っていた。そのため、留学生はグループの施設で働かざるを得ない状況だった。

ここまでくると、もはや途上国の留学生を食い物にした国際貧困ビジネスとしか考えられない。

## “出稼ぎ留学生”が訴えた日本語学校

二〇一七年十一月、日本に留学していたスリランカ人の男性（30）が不法に退学処分を受けたとして、佐賀県鳥栖市の日本語学校を訴えた。

男性は現地の説明会で「日本で勉強しながら、時給八〇〇円で月に二〇〇時間働ける」などと聞き、日本への留学を決意した。仲介手数料や一年分の学費などのために借金で約一五〇万円を用立てた。スリランカは平均月収が二万円程度と言われているので、六年分の年収にあたる金額だ。

男性は二〇一六年十月に来日して入学、当初はアルバイトをふたつ掛け持ちして、月に二〇万円ほど稼いだ。

一〇万円は母国に残している妻子に送金した。三万円は二年目の学費として毎月前払いしていた。残りの七万円程度で生活をしていた。

ところが、半年ほど経って在留資格を更新する際、入国管理局からオーバーワークを指摘されて仕事が減り、四月以降は学費の前納ができなくなった。

六月、学費の支払いが三カ月滞ったなどとして学校側は男性を退学処分にした。しかし、男性は十一月分までの学費はすでに支払っていた。そのため、佐賀地裁に地位保全を求めて訴えをおこした。これを受けて、地裁は復学を認め、男性もいったんは復学したが、生活を続けることができず、十一月にスリランカへ帰国した。

借金はまだ一〇〇万円ほど残っているが返済の見込みは立たないという。

男性は出稼ぎ目的だったことを認めたうえで、そもそも日本留学を目指したきっかけは「月に二〇〇時間働ける」と説明されたからで、週に二十八時間までという留学生の労働条件は聞かされていなかったと述べている。

一方、学校側はそうした説明はなかったと反論しており、「学費を払う能力があるように偽造した書類を提出しており、こちらの方が被害者だ。騙された」と話しているという。

双方の言い分は嚙み合っていない。

しかしながら、同校が提携する現地の研修学校のフェイスブックには、「日本の学生ビザで勉強しながら絶対に稼げる！」といった意味の投稿もあるそうだ。

学校側は、現地の研修学校の募集内容には関わっていないとしているが、実態としては働くことを目的にした〝出稼ぎ留学生〟も多いと思われる。

## 日本を目指す外国人留学生のルート

ここで理解しなければいけないのは外国人の留学ルートである。

私費留学生が日本語学校に籍を置く場合、彼らはどのようなルートで日本へ入国するのだろうか。

まずは留学生として日本で生活するために「留学ビザ」を取る必要がある。先にも触れたように、外国人に「留学」の在留資格を付与できるのは法務省から認可された日本語教育機関＝日本語学校である。

日本語学校から入学許可を得るには、次のような書類を用意しなければならない。

①入学願書
②履歴書
③最終学校の卒業証明書
④顔写真
⑤パスポートのコピー
⑥経費支弁書
⑦経費支弁者と申請者との関係を証明するもの（戸籍謄本や出生証明書など）
⑧経費支弁者の本国での銀行預金残高証明書

佐賀県鳥栖市の日本語学校側が「学費を払う能力があるように偽造した書類を提出した」と憤っているのは、⑥⑦⑧の書類のことだ。

もちろん学費などの支払い能力がきちんとあれば、そのまま書類を揃えて出せばいいわけだが、万が一、支払い能力がない場合、「経費支弁書」などが偽造されることになる。留学生を送り出す国には書類を偽造する〝偽造屋〟がいるだけでなく、現地の留学センターや日本語学校がその片棒を担いでいることが多い。

「実際、書類の偽造は横行しているようです」と語るのは、西日本新聞の記者・古川幸太郎氏（37）だ。

西日本新聞は二〇一六年十二月から「新 移民時代」という日本に住む外国人労働者にスポットを当てたキャンペーンを展開。一連のキャンペーンは優れた報道に贈られる「早稲田ジャーナリズム大賞」も受賞した。

古川氏は福岡を中心に外国人労働者や留学生を取材し、ネパールの日本語学校の現状を探るため、現地にも二週間赴いた。

「もちろん『書類は偽造では？』と聞いてハイと答える学校はないんですが、かつて日本語学校を経営していたという人に話を聞くと、結構あからさまにやっていた、と。たとえば必要書類の一つ、銀行預金残高の証明書も、自分たちで金融機関をつくって、お金を持っているように証明するわけですよ。預けるようなお金がなくても自分たちの運営だから可能なわけです。かつては役場が発行するような書類でも、勝手に役場の印鑑を作ったり、担当者の筆跡をまねたりして、書類を作っていたそうです」

しかし、書類を偽造までしてなぜ留学生を日本に送り込もうとするのか。

「それは一人送り出すごとにいくらか（バックマージンが）入るからですよね」

いわゆる仲介手数料だが、留学生を誰に仲介するのだろうか。

このあたりの仕組みは多少複雑だが、大事なところなので詳しく説明しておく。

まず、「自分の国を出て海外で勉強したい」「働きたい」と考えている若者が世界中に大勢いる。裕福な環境にある人もいれば、そうでない人もいる。

どこかに僕／わたしが行ける国はないか——。

調べてみると、日本は政府が「留学生三十万人計画」を推していて、アルバイトをしながら勉強ができるらしい。留学資金は少し足りないが、街の日本語学校やブローカーに頼めばなんとかしてくれるようだ。

一方、日本にある日本語学校も学生を求めている。しかし、自校のホームページで宣伝するだけでは生徒を集めるにも限度がある。現地の日本語学校やブローカーと組んで生徒を集めたほうが効率的だ。

　こうして何本ものパイプができ、ヒトとカネの循環がはじまる。

　現地の日本語学校やブローカーは、留学希望者から仲介手数料を取り、日本の日本語学校からも手数料を受け取る。

「いま日本には七万人以上のネパール人がいますが、ネパールでは一時期、留学希望者を一人日本へ送るごとに二〇万円が手元に入ったそうです。いまではだいぶ値崩れして、一人当たり三万円とか、高くても七万円くらいが相場だと言っていました。でも、おおざっぱに五万円で計算しても五十人送り出せばそれだけで二五〇万円ですよね。仮に年二回送り出せば五〇〇万円です。ネパールは公務員の月収がだいたい三万円なので、留学ビジネスで一山当てようと新規参入組も後を絶たない感じでした」

　留学ビジネスの裏側にはこうした人買いビジネスのような側面がある。

　しかし、これはネパールに限った話ではないだろう。いま日本で留学生が増えている国々でもおそらく似たような状況になっているはずだ。

## 「犯罪はよくないが……」地方の経営者の本音

世界各地から日本を目指す留学生たちは、いろいろな方法で日本にやってくる。なかには観光ビザなどの短期ビザで入国し、その期間内に自力で日本語学校を見つけて入学する人もいる。すでに日本に親戚や知人がいる人はこうして入国したあとにビザを変更することもできる。

日本にある日本語学校のほとんどは一年目の学費は一括で事前に納めることを求め、二年目以降の学費は分割払いが可能な制度を取っているが、学費のほとんどを後払い可と謳って、実質的には単純労働者として受け入れている学校があるのはすでに例を見たとおりだ。

日本語学校のホームページを見て、直接入学を申し込むパターンは稀だということを知っておきたい。

日本にはいま六〇〇校以上の日本語学校がある。

それぞれのホームページを見ると、笑顔の学生たちの写真があり、夢や希望に満ちた言葉で溢れているが、留学生ビジネスの内情を知るうちに、そうした笑顔や言葉が物悲しいものに見えてくる。

しかし、日本語学校のビジネスも新聞沙汰になるような悪い面だけを見ていては真実を見失うことになると古川氏は指摘する。

「会長や理事長が逮捕された直方市の日本語学校（JAPAN国際教育学院）は廃校になってしまいましたが、地元の人たちからすると、貴重な働き手であった留学生も同時にいなくなっちゃったんですよね」

周辺の取材をしていたときに話を聞いたコンビニの店主の切実な言葉がいまでも耳に残っているという。

「コンビニのオーナーさんは『犯罪はよくないけど、留学生たちには戻ってきてほしい』って言ってたんですよ。地元の人も不法就労が悪いことはもちろんわかっているんです。でも、『彼らは日本人より真面目に働いてくれていた』『本当に残念だ』と。ある意味、地域の労働力の核になっていた留学生がいなくなってしまったことで、本当に皆さん困り果てていました」

犯罪は認められないが、留学生には働き続けてほしい――。

これが人手不足に悩む地方の経営者の本音なのだろう。

留学生がその本分である勉強よりアルバイトに精を出し、〝出稼ぎ留学生〟と化していることには批判もある。しかし、そうした留学生の労働力に頼らざるを得ない現場が増えているというのも事実だ。

「依存の度合いというのは間違いなく地方のほうが大きいですよね。だから日本語学校の不祥事などで労働力のバランスが一瞬で崩れてしまったとき、地方の現場が受ける損害は大きいと思います。……いつか留学生が日本に来なくなってしまったら、そのときはわれわれの生活がなりたたなくなる。でも、わたしたちは、そういう状況を見て見ぬフリをしているような気がします。目の前の危機をきちんと直視できていないのではないでしょうか」

アルバイトの外国人留学生が現場からいなくなったとき、はじめて日本の危機が顕在化するのかもしれない。

## ネパールの日本語教育事情

日本の〝現場〟はより多くの留学生を求めているが、送り出す側の〝現場〟はどのような状況なのだろう。

ネパールで取材をした古川氏が現地の様子を教えてくれた。

「取材をしたのは二〇一六年の年末ですが、向こうに行って驚いたのはとにかく日本語学校の数が異常に多いことです。ネパールという国全体が日本語ブームのような感じでした。首都のカトマンズだけじゃなく、ポカラやチトワンなどの地方都市でも似たような状況でしたし、郡部の崖沿いの街の小さな商店街にも日本語学校がありました。たぶん大きな街へ出ていけないような生活環境の子もジャパニーズ・ドリームを夢見ているんでしょう」

彼らのジャパニーズ・ドリームとは平均月収数万円という日常から抜け出して、いまより少しでもいい生活をすることだ。日本に行けば人生が変えられるかもしれない。チャンスがあるなら自分も挑戦してみたい。

「勉強しながらアルバイトもできるという日本の留学環境も魅力なんでしょうね。カトマンズの中心部には日本語学校の看板がいたるところにあって、そのへんの壁や電柱にもチラシが貼ってありました。文言を読むと『成績が悪くてもノープロブレム』とか『バイトもできます』とか書いてあるわけです」

現地で取材をしていて、古川氏はあることを思い知らされたという。

「若い子に話を聞くと、本当に医学や科学を勉強したいと思う人たちはアメリカを目指すわけですよ。その次がオーストラリアですね。面と向かって言われるとちょっとショックだったのですが、日本を目指す子たちというのは中間層から下の子が多くて、なぜ日本に殺到するかといえば、やっぱりアルバイトができるからなんです。ビザも比較的簡単に取得できるので、自分の人生を変えたいと思う若い子にしたら日本はすごく魅力的な国なんだと思います。僕が取材したときは留学先として沖縄もだいぶプッシュされていました」

現地では日本語を話せるネパール人とも多く出会ったそうだ。

「これから日本に行こうと日本語学校で勉強している人が多いだけじゃなくて、日本から帰ってきた人も多いんですよね。観光案内所とかレストランとかいろんな場所で声をかけられました」

ただ、状況は変わりつつあるようだ、と古川氏は続ける。

「現地の語学学校の経営者もビジネスでやってるわけですから、日本の経済状況などを冷静に見ているわけです。入管の審査もだんだん厳しくなってきているし、留学生を送る先として日本はそろそろ頭打ちだという声も聞きました。実際のところ、ピークは五年前に過ぎていて、『日本は東京オリンピックまでだ』『その後は送り先をオーストラリア《ア》や韓国に切り替える』とはっきり言う経営者もいました」

おそらく送り出す側の〝現場〟の状況も変わりつつあるのだろう。

今後はネパールからの留学生は徐々に減っていき、その代わりにウズベキスタンやスリランカやミャンマーなど別の国からの留学生が増えていくのだろうか。

## 日本語学校のこれから

日本語学校のことを調べる前は、正直、留学生のほとんどが高い授業料を払って日本語学校に通う理由があまりわからなかった。日本語を勉強するだけなら他にも方法がある。むしろ、日本語学校に六〇万～八〇万円という授業料を払うなら、家庭教師を雇った方がいいのにとさえ思っていた。

東京でもたとえば新宿区が開催している日本語教室などは一コマわずか二〇〇円だ。一〇〇回通っても二万円にしかならない。

もちろんボランティア主体の日本語教室では日本語を体系的に学ぶことはできないだろうし、単純な比較はできないが、いずれにしても日本語学校の授業料は高すぎると思っていた。

しかし、いまは彼らが日本語学校に通う理由もわかる。

日本語学校は日本語教育機関であると同時に、彼らを留学生たらしめている機関でもあるのだ。留学ビザをもらうための最初の許可を与えるのが法務省から認可を受けた日本語学校なのだ。いくら家庭教師のほうが効率よく日本語を学べても、それでは留学生として入国することはできず、アルバイトをすることもできないのである。

「日本語学校に入学すれば、勉強しながら働ける」と聞いて借金をして日本に来たが、週二十八時間という規定を守っていたのでは二年目以降の学費を満足に稼ぐこともできない。仕方なくオーバーワークしたら、入管に摘発され、やむなく退学することになり借金を抱えたまま無念のうちに帰国する人もいる。

その一方で、人手不足の現場では留学生が労働力として期待されている。留学生がいないと現場がまわっていかない。

留学生を受け入れる制度やシステムに歪みがあるのだ。

この歪みを解決するにはいったいどうすればいいのだろう。

留学生の事例を多く見てきた新聞記者の古川氏も「正直どうすればいいのか、出口がどこにあるのかわかりません」と言う。

おそらく日本語学校が意識を変えればすべてが変わるというような簡単な話ではない。何本もの糸が国境を跨いで複雑に絡み合っている。

だが、たとえば、日本語学校の学費がもっと安ければどうなるだろう。

年間の学費が八〇万円として生徒が二〇〇人いれば、単純計算で年商は一億六〇〇〇万円だ。二〇〇人の生徒に対し、ST比を四十で計算すると教師は五人。事務など併せて十人の日本人を仮に年収五〇〇万円で雇ったとしてもせいぜい五〇〇〇万円だ。残りの一億円以上はいったいどこに消えているのだろうか……。

制度やシステムの歪みを矯正するためには、国立の日本語学校を作るのが無理だとしても、日本語学校を包括的に管理する機関を設置するか、公立の日本語学校を設立して地域ぐるみで問題を解決していくしかないのではないだろうか。

しかし、現在、日本中を探しても公立の日本語学校は一校しかない。北海道・東川町が町ぐるみで運営する「東川日本語学校」だ。

その取り組みは第七章で詳しく紹介したい。

# 第六章　ジャパニーズ・ドリーム

## ベトナム人の元留学生が兄弟で起業

いま日本では一〇〇万人以上の外国人が働いている。

その働き方は実にさまざまだ。永住権を得て専門職に就いている人もいれば、学費や生活費を稼ぐためにコンビニでアルバイトしている留学生もいる。農家や工場のラインで働き続ける技能実習生もいる。

また彼らが〝労働者〟として日本に滞在する期間もそれぞれである。技能実習生は最長で五年、留学生もほとんどが数年のうちに帰国するが、中には日本で起業して〝経営者〟として成功を収める人もいる。

ブイ・タン・ユイさん（31）とブイ・タン・タムさん（26）の兄弟は、ともに三重県の四日市大学経済学部を卒業した元留学生だ。留学生時代には二人ともコンビニで働いていたが、現在は、東京・高田馬場で人気のベトナムサンドイッチ専門店「バインミーシンチャオ」を経営する社長と専務である。

開店から一年が経ち、早くも二号店を計画中の二人に将来の目標を聞くと「いずれはチェーン展開したい」と声を揃えた。


「バインミー」は柔らかいフランスパンにパテなどを挟んだベトナムのファストフード。パクチーとヌックマム（魚醤）がアクセントになっている庶民的なサンドイッチで、現地ではカフェや屋台で売られている。

「地域によって味も違いますし、パンの大きさも違います。もともとはフランス領時代に広まったものですが、日本人にとってのおにぎりや味噌汁みたいな、ベトナム人のソウルフードです」と社長のユイさん。大学卒業後は通訳をしていたというユイさんの日本語はほとんど完璧だ。

聞くところによると、彼らの故郷であるベトナム中部の古都ホイアン（クアンナム省）はバインミーの本場と言われているそうで、「味ではほかのお店に負けないと思います」と自信をのぞかせる。

食べてみるとたしかにおいしい。ベトナムコーヒーとセットで頼めば、まるで現地に行ったような気分が味わえる。

価格もリーズナブルなので昼時には七席しかない狭い店内はぎゅうぎゅうになり、店の前にはテイクアウト用の行列ができるのも頷ける。ちなみにハーフサイズのバインミーが三五〇円。フルサイズは結構なボリュームで五三〇円。これらを一日平均で二〇〇個売り上げる。

「価格帯も考えました。都内にはバインミー専門店が何軒かありますが、手頃な価格で本場の味を提供している店が少ないんです」

安いだけでなく、ロゴやテイクアウト用の紙袋にもブランディングのこだわりが見えて、今どきの外食ビジネスのツボを押さえているのが窺える。高田馬場周辺のベトナム人留学生だけでなく、もちろん日本人にも人気だ。アルバイトの女の子（ベトナム人）の接客も丁寧で、「食べログ」などのグルメサイトでも高い評価を得ている。

ユイさんとタムさんの兄弟が合同会社を設立し、店をオープンさせたのは二〇一六年十月。当時、まだ大学生だった弟のタムさんが「ヒントになりました」と語るのが、中東発祥の肉料理・ケバブの専門店だ。

「大学を卒業したら日本でなにかビジネスがしたいと考えていました。あるとき東京でケバブ屋さんの前にずらっと人が並んでいるのを見て、バインミーでも勝負できるかもしれないと思ったんです」とタムさん。

だが、外国人が日本で起業するのはそう簡単ではない。

弟は兄に相談をもちかけた。

「弟に相談されて僕もやりたいと思いましたが、僕はまだ新婚で、ちょうど奥さんのお腹が大きくなってきた頃だったんです。彼女に心配はかけたくなかったし、コンビニで働いたことはあっても飲食店で働いた経験はなかったので、お店を経営できるかどうか不安でした」

弟のタムさんは起業することができない。なぜなら、留学生は資格外活動としてアルバイトはできても起業は認められていないからだ。飲食店を経営するとなればユイさんがビザを変更する必要があった。

主に対技能実習生の通訳として働いていたユイさんのビザは「技術・人文知識・国際業務」。起業するなら、在留資格を「経営・管理」に変更しなければならないのである。

しかも、変更届を出す前に店舗を確保しておくべしというやっかいな規定があり、そのための資金も足りなかった。

店舗を借りて改装し、調理器具を揃え、アルバイトを雇うことも考えれば、数カ月分の人件費も用意しなければならない。

計算すると一〇〇〇万円必要だった。かなり大きな賭けになると思ったが、挑戦してみたくなった。

大学の恩師に相談すると、保証人になると申し出てくれた。ビザの変更には犯罪歴のないことや十分な資金があることを証明する必要がある。さらに外国人が店舗を借りるには日本人の保証人も必要だった。

どうせなら東京で店を出そうと思った。

「すこしは貯金もありましたが結婚のご祝儀を合わせてもぜんぜん足りなくて、友人から三〇〇万円ほど出資してもらって、足りない分はベトナムの家族から借りました」

ユイさんとタムさんは七人きょうだいの六番目と七番目。年の離れた兄や両親が日本での起業を後押ししてくれた。

東京に土地鑑はなかったが、出店場所はベトナム人留学生が多い地域にしようと考えた。二人とも大学でマーケティングを学んでいたことが役に立ったという。

約七坪という手頃な物件が見つかったのはＪＲ高田馬場駅から徒歩五分、早稲田通りのゆるやかな坂を上った先だ。界隈には日本語学校も多いので、学生が通ってくるだけでなく、周辺には約五〇〇〇人のベトナム人が住んでいることも事前に確認した。

「バインミーを一個五三〇円に設定すると、黒字になる目安が一日八十五個くらいだと判断しました」

ユイさんはスケルトンの状態で賃貸に出ていた物件を契約し、ビザの変更届を提出した。それから中古の調理器具を買い揃え、内装費もできるだけ安く抑えるために、自分たちでできることはすべて自分たちでやった。なんとか開店にこぎつけ、オープン初日には五〇〇個のバインミーを売り切った。

営業時間は午前十時から午後九時まで。どちらか一人は店にいるようにして年中無休で店を開けている。

スタンプカードを導入して固定客を増やすなどの工夫も怠らず、オープンから一年が経ったいまは「おかげさまで黒字で安定しています」とユイさん。

現在は大久保の２ＬＤＫのアパートで兄弟二人暮らし。部屋から店までは毎朝歩いて通っている。

「奥さんは出産のためにベトナムに帰ってまだ向こうにいます。来年（二〇一八年）には子どもと一緒に日本に戻ってくるので家族のためにも仕事をがんばらないと。いまは二店舗目を計画中です」

弟のタムさんは「僕はまだ独身ですが、必ずこのビジネスを成功させたいです」と言う。

「東京でたくさんお店を出して、将来は学生時代にお世話になった四日市にも支店を出したいです」

かつて留学生だったユイさんとタムさんの二人は、縁のなかった東京で起業してから一年を迎え、自分たちの夢を叶えようとしている。

## 外国人起業家に向けた「スタートアップビザ」

外国人が日本でビジネスをはじめるには、日本人より多くのハードルを越えなければならない。

まずはビザの変更だ。通常、起業を目指す外国人が「経営・管理」の在留資格認定を受けるためには、入国管理局へ申請する前に事務所を開設しておく必要がある（ユイさんの場合は前もって店舗を借りていなければならず、物件の契約には日本人の保証人も必要だった）。さらに常勤の従業員を二人以上雇用するか、資本金額または出資総額が五〇〇万円以上なければならないなどの要件が加わる。

そのため日本に長く住む外国人でも「経営・管理」の在留資格を持っている人は少なく、全体の１％未満に留まっている。ましてや日本に滞在歴のない外国人が日本で起業してビジネス展開することはほとんど不可能に近かった。

そのような背景があって、二〇一四年以降、〝アジアのゲートウェイ〟を標榜する福岡市など一部の国家戦略特区で、ビザの取得要件を緩和する「スタートアップビザ（外国人創業活動促進事業）」制度がはじまった。

福岡市は、国籍を問わずに起業を目指す人を支援する施設「スタートアップカフェ」を官民一体で立ち上げ、保証人のいらない事務所物件の紹介や専門知識を備えた士業の仲介などを通じて、外国人起業家を支援しているのである。

万が一、相談時に「経営・管理」のビザを取れる要件が整っていなくても、創業活動計画書などの確認をもとに市と入国管理局が審査をすることで、六カ月間の「経営・管理」の在留資格が認められる。「経営・管理」のビザを正式に満たす要件は、六カ月間で整えればよく、創業する外国人は事業の準備をしながら手続きを進めることができるというものだ。

実際にこの制度を利用して、日本に住んだことのない外国人（シンガポール人）が空港から直接スタートアップカフェに来てそのまま審査に通ったという事例もあるそうだ。しかし、まだまだ認知度も低く、制度が十分に知れ渡っているとは言いがたい。

東京の場合はどうだろう。

東京は、アジアの企業が東京に集積することを目指した「アジアヘッドクォーター特区」として外国企業誘致プロジェクトを進めていて、福岡市と同様、スタートアップビザが有効だ。それにもかかわらず、肝心の起業を目指す外国人にはあまり浸透していない。東京都が管轄する「ビジネスコンシェルジュ東京」という窓口は丸の内と赤坂にあるのだが、ユイさんも「ぜんぜん知りませんでした」という。

## 外食産業の風雲児はネパール人の元留学生

スタートアップビザの認知が進めば、今後は外国人による起業が増えていくかもしれないが、十五年も前に外国人が起業し、いま飛ぶ鳥を落とす勢いの成長株として大きな注目を集めている会社がある。TBIホールディングスという企業だ。

非上場ということもあって一般的な知名度はあまり高くないが、首都圏を中心に「しゃぶしゃぶ食べ放題　めり乃」「肉バル　肉ソン大統領」「Bee House（ビーハウス）」といった飲食店を展開していると言えばピンとくる人もいるだろう。いわゆるインスタ映えするメニュー展開やWebからの集客を得意としており、二十代、三十代の若者を中心に人気が高い。

TBIという社名は「Total Business Institute（経営の学校）」の略だそうだが、注目を集めているのはまさにその大胆な経営スタイルだ。

二〇〇三年、一軒の和風居酒屋からはじまった会社が創業からわずか十五年で一五〇店舗近くの飲食店を展開している。

さらに不動産事業・美容事業・エンタメ事業なども多角的に手がけており、年商はすでに二〇〇億円を超え、三三〇〇人の従業員を抱える企業に成長したというから驚きだが、そんなTBIの創業者にして取締役名誉会長を務めているのがネパール人のヴァッタ・ヴァバン氏（41）だ。一九九八年に来日した元留学生である。

ネパールの大学で日本語を学んでいたとはいえ、来日から四年で東海大学の大学院修士課程を修了した。

ヴァバン氏は、大学で学びながら、夜は居酒屋などで働き続けた。四年間で実に六十店舗もの飲食店でアルバイトをしたという。もちろん学費や生活費を稼ぐという目的もあったが、飲食店の接客や経営ノウハウを学ぶためのアルバイトだった。

飲食店でアルバイトをしていた痩せっぽちのネパール人留学生が、二十年後には大企業の会長となり、何千人もの日本人を従えているとは誰が想像しただろうか。

多くの人にとって実際にはいまでも想像しづらいことかもしれないが、上司がアメリカ人やフランス人になってビックリという時代はとうに終わり、これからはネパール人やベトナム人が上司になってもまったく不思議ではない。日本はすでにそんな時代に突入しているのである。

## 犯罪組織に加担してしまう留学生

一生懸命アルバイトをしていた留学生が日本で起業して夢を摑むというストーリーは、いわば現代のジャパニーズ・ドリームかもしれない。彼らの成功物語は、多くの留学生やこれから日本を目指す海外の若者にとっては、きっと純粋な夢や希望を抱かせてくれる力がある。

だが現実はなかなか厳しい。

週二十八時間という規定を守っていたのでは生活ができない。オーバーワークが見つかれば強制送還も免れないが、バイト先を二つ三つと掛け持ちして規定の倍近く働いていることを告白してくれた留学生もひとりや二人ではない。

一方では、留学生の本分は勉強することであり、アルバイトをすることではないという意見もある。たしかに正論だろう。だが、強制送還を覚悟でオーバーワークしている留学生たちが日本の労働力不足を支えているのも事実である。

しかし、留学生の中には、より高い時給を求めて、アンダーグラウンドな世界に吸い込まれていく者もいる。外国人留学生が組織ぐるみで万引きを行っていたり、日本人の犯罪組織とつながって共犯していたりというニュースも聞く。

警視庁のサイバー犯罪対策課は、「いいバイトがある」などの言葉に騙されないように英語、中国語、ベトナム語で呼びかけているが、留学生が犯罪組織とつながる例としては以下のような事例があるという。

○口座等の譲り渡し

犯罪組織が、帰国を控えた留学生から銀行口座・クレジットカード・携帯電話などを買い取るというもの。譲る側は帰国すれば使わないものなので罪悪感もないが、こうした口座や携帯電話が振り込め詐欺などの犯罪に使われるケースも多い。

○商品の受け取り役

犯罪組織が他人のクレジットカードなどを使って不正に購入した商品を、留学生が日本人になりすまして受け取るという行為。「荷物を受け取って配達伝票に日本人の名前を書くだけのアルバイト」などと称して留学生に加担させる。偽名を使って商品を受け取る行為は私印偽造という立派な犯罪であり、これを行えば詐欺罪の共犯者になってしまう。

○現金の引き出し役

犯罪組織が他人の口座から不正に引き出し、複数の口座に分散して送金した金をＡＴ

Mなどで引き出すというもの。

他人の口座から現金を引き出したり、宅配便の受け取り欄に他人の名前を書いたりと、よく考えればおかしいことに気づくはずだが、実際に関与した留学生らは「割のいいアルバイトなので引き受けてしまった」「途中で犯罪だと気づいたが、お金のために止められなかった」と語ることが多いそうだ。

知らないうちにでもこういった世界に一度足を踏み入れてしまうと、坂を転がっていくスピードは早いに違いない。

留学生による犯罪の増加も懸念されるところだ。しかしながら、前出の日本国際交流センターの毛受敏浩氏によると、外国人による犯罪件数は二〇〇五年をピークに減少傾向にあるという。

「その数はかなり減っていて、『犯罪白書』によれば二〇〇五年に全国で四万件を超えていたものが現在では半分以下になっています。この十年の急激な外国人の増加を考えればそのぶん増えていてもおかしくないのに、逆に減っているんです。この点はもっと注目されてもいいと思います」

## 「またコンビニで働きたいよ」

入国管理局は、留学生が資格外活動として従事できない業務に「風俗営業」を挙げている。

「風俗営業」と聞くと、ソープランドやファッションヘルスなど性的なサービスを施す店をイメージする人も多いと思うが、風営法上はそれらに止まらない。キャバクラやホストクラブなど客を接待する店も風営法の対象であり、さらに麻雀店（雀荘）、パチンコ店、ゲームセンターなども対象とされる。また「低照度飲食店」というカテゴリもあるため、留学生は十ルクス以下の暗い喫茶店やバーで働くこともできない（十ルクスというのは、劇場や映画館の休憩時間中の明るさと同程度とされている）。

だが、実際には風営法の対象となる店で働いている留学生もいる。

話を聞いた「さやか」さん（34）は、東京・浜松町のその手のマッサージ店で働いている中国人だ。

五月の陽気のいい午後で、通りの看板に電気を点けようとしている彼女に声をかけたら、最初は訝っていたが、雑居ビルの一室にある店に上げてくれた。

「うちの店でもこないだまで留学生いたよ」

　さやかさんはすこし首のよれたピンクのTシャツにグレーのスウェットを穿いていた。明らかに営業用の〝制服〟ではなく普段着だった。本名は聞かなかった。河南省の洛陽出身だと言っていた。

　来日して八年。ビザのことを聞いてもはぐらかして答えてくれなかったので、期限が切れているのかもしれない。いまは特定の住所もなく、一年前からは店に住んでいるという。結婚はしていない。

　そんな彼女も以前は留学生だった。

「学校にも通ってたよ。日本語まだヘタだけど」

　来日した当初は、きちんと語学学校に通いながらアルバイト先を探した。学校の紹介で最初に働いたのは日本料理店だった。時給も悪くなく、賄いもおいしかったが、家からも学校からも少し遠かった。風邪を引いて三、四日休んでしまったあと、行きづらくなった。

「店長は『怒ってない』って言ったけど、すこし怖かったね」

　日本料理店の次は、学校に近いコンビニで求人を見つけて働きはじめた。

「深夜は時給一二〇〇円だったからうれしくて最初はたくさん働いた。でも、だんだんキツくなったからそのうちあまり深夜のシフトは入れなくなった」

コンビニは二軒で働いた。

「最初のコンビニ（葛飾区）はオーナーがいい人で、ハイキのお弁当やヨーグルトも食べてよかった。あと、カット野菜や総菜も持って帰ってよかった。だからコンビニ大好き。昼間の時給は安かったけど、ご飯はハイキを食べてたから一カ月の食費五〇〇〇円で暮らせたよ。お金も貯まったね」


彼女が言うハイキというのは廃棄処分される食品のことだ。

コンビニは経営側からすると常に「廃棄ロス」の問題を抱えている。おにぎりや弁当などの食料品はコンビニの主力商品で、店によっては商品の四割近くを占める。しかし、食料品は一定の販売期間を過ぎると「廃棄商品登録」を行うことになっていて、登録された時間が一分でも過ぎればレジを通すことができない。バーコードをスキャンすると「ピーッ」とアラームが鳴る。

商品の仕入れは加盟店の裁量なので、たくさん仕入れてぜんぶ売れればいいが、廃棄商品を多く出してしまえば当然、店の経営にも響く。

そのため加盟店としては値下げをしてでも売り切りたい。だが、本部は原則的にはそれを認めていない。本部としては期限切れの廃棄商品をスタッフ向けに値引き販売することも禁止しているし、スタッフが食べることも固く禁じている。

実際には加盟店の大半の店舗で行われているが当然オフレコだ。


さやかさんもアルバイト時代はそういった廃棄商品で生活費を浮かしていた。

本当はずっとその店で働きたかったが、語学学校が急に別の場所に移転することになり、仕方なく辞めた。次に働いたのもコンビニだった。

「でも、二軒目のコンビニ（墨田区）はぜんぜんよくなかったね。面接のときは『廃棄のものは食べていい』と言ったのに、食べようとしたらダメと言われた。オーナーが違うとコンビニはぜんぜん違う。だからすぐ辞めた」

日本語学校を卒業してから彼女は中国には帰ってない。

帰国しない本当の理由はわからないが、彼女のようにコンビニを〝卒業〟して、風俗店で働く元留学生も決して少なくないのだろう。

在日中国人を読者としているフリーペーパーや総合週刊誌の広告欄を見ると、「エステ小姐急募」「按摩小姐大募集」「日収六萬―九萬　絶對真實」などと、日本語と中国語がごちゃまぜになった募集広告で埋め尽くされている。中には月収二〇〇万円を謳う広告もある。インターネットでも中国人女性専用の〝高収入バイト情報〟サイトをいくつか見つけた。

さやかさんは、女性の募集は中国最大のＳＮＳのひとつ「微信（ウィーチャット）」で行っているという。携帯を見せてもらうと、いくつものグループがあって、需要と供給のマッチングが現在進行形で行われていた。

いつまで日本にいるのか聞いた。

「わからないね」

すこし黙ったあとで彼女は続けた。

「でも、コンビニで働くの楽しかったよ。一緒にいた日本人のおばさんも優しかった。一緒に廃棄のご飯食べて笑って、店長の悪口言って。楽しかった。またコンビニで働きたいよ」

## 風俗店で働く現役留学生たち

留学生による不法就労活動、とくに風俗店で働くことを未然に防ごうと警察も動いている。二〇一四年に警視庁がはじめた「留学生による不法就労活動防止を目的とした説明会」では、関東一円の日本語学校などに呼びかけが行われ、第一回集会では計一四四校が集まった。

その場で報告された案件をいくつか紹介しておこう。全国日本語学校連合会がまとめた記事から一部を要約する（「留学生通信45号」）。

留学ビザで来日し、日本語学校に通っていたタイ人女性（当時19）は、学業のかたわら性的マッサージ店で働き、逮捕された。

「日本語学校では、クラスメート同士で稼げる店の情報を交換し、悪い誘惑もたくさんある。軽い気持ちで誘惑に乗ったことを反省している。日本語を学ぼうと来日したのに、今は後悔の気持ちで一杯」と供述している。

都内の中国人留学生（当時25）は、もともとは短期滞在ビザで来日。ビザを切り替え、日本語学校で学び、大学まで進んだが、同居する友人の勧めで銀座や赤坂のクラブなどでホステスをして資格外活動違反で二度逮捕された。

最初の逮捕で留学ビザの更新ができず、一旦は中国に帰国したが、大学や入管に「もう風俗店では働きません」と反省文を提出。新たに留学ビザの発行を受けて復学した。それにもかかわらず、女性は「一度夜の仕事を経験し、楽にお金を稼げる方法を覚えたことでやみつきになった。『二度捕まることはない』と安易に考えていた。大学を卒業できなくなると思うと、今は後悔の気持ちで一杯です」と供述している。

次は、最初は一年三カ月の留学ビザで日本に入国したタイ人女性の例。留学ビザを取得したのは日本語を学ぶためではなく日本に長期滞在するための手段であり、性的サービスのあるマッサージ店で働きお金を稼ぐためだったという。

「この仕事がお金になることは本国で友だちから教わった」

当初は日本語学校に通い、留学ビザを一度更新したが、仕事が毎日深夜におよび、早起き通学が面倒になり、退学届を提出。留学ビザのまま性的マッサージ店に住み込みで働き、「毎月三〇万円くらいの給料」を得て、大半をタイの家族に仕送りしていた。留学ビザが切れた後も、女性は「少しでも多くお金を稼ぎたかったので、捕まるまで日本で働こうと思っていた」と供述している。

## 増加する不法残留者と難民申請者

いま留学生のアルバイトは多様化している。コンビニで働いている留学生は全体から見ればごくわずかだ。

アルバイトの職種が多様化したことで、新しいタイプのアルバイトあっせん業者も出てきた。これまでは人材派遣業者や日本語学校が受け持っていた部分だが、そこにブローカーとして留学生が入り込み、同じ国の留学生から仲介手数料を得ているという。

留学する際には現地のあっせん業者から搾取され、借金を背負って日本に来ても悪徳な日本語学校に入学してしまえば寮費まで搾取されることになり、さらに今度は同郷の留学生からも搾取される留学生がいるということだ。

週に二十八時間という一線を越えて働いても一向に収入が増えず、疲れ果て、留学生活からドロップアウトすることになれば、残された道は「帰国」か「失踪」だ。

二〇一七年、外国人不法残留者の数は六万五〇〇〇人を超え、三年連続で増加中である。国籍別では多い順に韓国、中国、タイ、ベトナムとなっている。

また日本語学校関係者によると、留学生活が破綻しそうになると安易に難民申請を考える外国人留学生も多いそうだ。

二〇一七年には全国の入管で前年比80％増となる一万九〇〇〇件以上の難民申請があった。しかし、難民認定されたのは「帰国すればただちに命に危険がある人」としてシリアからの申請者などわずか二十人に限られた。難民として認定されれば永住許可を得て働くこともできるが、なかなか許可されることはない。

日本政府は一九七〇年代からベトナムのボートピープルなど一万人以上の難民を受け入れた経緯があるとはいえ、現在、ほとんど認定されるはずのない外国人留学生などがなぜ難民申請をするのか。

それは法律に抜け穴があったからだ。

実は、申請から六カ月が経過すると、（もともと在留資格があれば）認定が下りなくても就労することができるようになっていたのである。近年はこの仕組みを利用した

〝偽装難民〟も多く、中にはブローカーとして手数料を取るなど、制度を悪用する者も増加していた。

二〇一八年に入り、法務省はこうした事態を受けて法制度の改正に乗りだした。今後は明らかに難民には該当しない申請者の在留や就労を制限する。

## 「日本人ですけど、日本語を話せません」

今回、外国人留学生を中心に取材する中で、菅沼毅君という日本人の大学生と知り合った。

菅沼君は東京生まれの二十一歳。現在は埼玉大学に通っている。普段は大手アパレルチェーンでアルバイトしながら、学校が休みの日は映画も観に行くし、たまにはサークルの友人と居酒屋で飲むこともあるというごく普通の大学生だ。

そんな彼にインタビューをお願いしたのは、コンビニでのアルバイト経験があるからという理由もあったが、彼の生い立ちを知って話を聞きたくなったからだ。

菅沼君は父親の仕事の関係で幼少の頃に中国に渡り、高校を卒業するまで山東省の威海という街で育った。

「小さい時は日本語をしゃべっていたみたいなんですけど、高校生になった頃はもうぜんぜん話せなくて、ひらがなもわからなかったくらいです」

家庭でも日本語は使わず、中国語で話していたという。というのも、両親にとって日本語は第二言語だったからだ。

父親はもともとは中国籍で、母親は残留孤児二世だった。両親は黒竜江省のハルビンで出会って結婚したが、残留孤児一世である祖母が帰国する際に連れ立って日本で暮らすことを決めた。

その後、残留孤児三世の日本人として生まれたのが菅沼君である。

両親にとっては言葉の壁もあったのだろう。菅沼君が三歳の頃、生活拠点を中国へ移した。

「夏休みとか、たまに日本に戻ってくることはありましたけど、基本的にはずっと中国での生活だったので、向こうでは通名を使っていました。中国と日本は、なんていうか、まぁいろいろあるじゃないですか。僕も普通に暮らしたかったから、僕の本当の名前を知っていたのは、学校の先生とごく一部の友だちだけです」

だが、高校二年生の頃、菅沼君の人生は転機を迎えることになる。

「親に大学はどうするのか聞かれたんです。だから日本の大学に行きたいって答えました。だって日本人なのに日本語を話せないって普通にヘンじゃないですか？」

その当時、菅沼君は日本語をまったく話せなかったが、両親も再び拠点を日本に移すことにした。

二〇一四年に東京へ戻ってきた時、菅沼君の日本語はN5レベル。つまり初歩レベルだった。まずは日本語を覚えるためにインターネットで日本語学校を探した。

「どの学校がいいのかぜんぜんわからなかったので、直接電話をして話を聞きました。もちろん中国語です。でも、『日本人ですけど、日本語が話せません』って言ったら断られたこともありました。日本語学校の中には日本人が入学できない学校もあるんです。いまだから笑って話せますけど、そのときはやっぱりショックでしたよね。『これから大丈夫かな』って不安にもなりました」

しかし、菅沼君は東京での新生活をスタートさせてからわずか三週間のうちにコンビニで働きはじめる。

「タウンワークで家の近くのコンビニを探して電話しました。これもいまだから笑えますけど、話すことをぜんぶ紙に書いて、ワタシはスガヌマといいますがアルバイトをしたいデスって、ロボットみたいな棒読みです（笑）。面接日が決まって、店長に『じゃあ、菅沼君、当日は文房具を持ってきてくださいね』って言われたんですけど、『あの、ブンボウグとはなんですか？』と（笑）。あとで店長に聞いたら『日本人なのにヘンだなと思ったけど、電波が悪くて聞こえないのかと思った』と言われました」

　コンビニでは約一年間働いた。

　日本人なのに日本語がうまく話せないということに対して、店長は理解を示してくれ、仕事のことだけでなく時には生活のことも相談に乗ってくれたという。

「店長は本当にいい人でした。奥さんが韓国人らしくて、外国人や僕みたいな人にも興味があったようで。よく面倒を見てくれました。僕が入ったときは外国人のスタッフはいなかったんですが、僕が日本語学校で知り合った中国人を二人紹介したら雇ってくれて、そのあともベトナム人やミャンマー人が新しくスタッフに加わりました」

　日本語学校は午後の部の授業だったので午前のシフトに入った。基本は午前六時から午前十時まで。時には午前五時からシフトに入ることもあり、毎朝四時半には起きて、自転車で通った。

「最初は緊張しました。日本語がうまく話せない上に、朝だからお客さんもみんな急いでいるじゃないですか。お店が駅から近いこともあって、通勤の時間帯はレジに行列ができるんですよ。長い列がずらーっと店の外まで続くんです。焦りますよね。だから、もうお客さんの顔も見れないくらい（バーコードを）スキャンしまくるんですけど、間違っちゃいけないと思って、最初は手が震えましたね」

菅沼君はコンビニで働きながら午後は日本語学校、家に帰ってからも勉強を続けた。帰国から七カ月が過ぎたころには大学受験のための予備校に通いはじめた。帰国子女枠で大学を受験するために小論文の書き方を勉強するためだ。ひらがなもろくに書けなかった学生が七カ月後に小論文を学ぶというのは脅威的な語学吸収力だ。

「小さい頃にすこし話していた記憶がどこかにあるんですかねぇ。でも日本語はやっぱり難しくて、漢字は大丈夫なんですけど、たまにカタカナの日本語の意味がわからなかったりします」

小論文も最初の頃は先生から「これじゃ小学生の作文だ」と言われていたそうだが、大学も無事に合格した。現在は成績優秀な帰国子女として授業料も免除されている。

コンビニのアルバイトは大学の入試が始まる直前まで続けた。いまはアパレルの店で働いていてもうコンビニで働くつもりはないという。バイト先を替えたのは、より高度な日本語を使って働きたくなったという理由もあるそうだ。

「コンビニは、接客業としては使う日本語が簡単なほうですよね。『温めますか?』とか『お箸は何膳ですか?』とか、まぁいろいろありますけど、ある程度覚えたら仕事はできる。でも、いま働いているお店は、お客さんに微妙なフィッティングのこととかも聞かなければならないし、コンビニよりはもうちょっと複雑な日本語を使います。これがたとえばホテルとかデパートとかになると、もっとすごく丁寧な敬語を使わなければならないですよね。だから、コンビニのバイトは、日本に来て一年、二年という留学生に向いていると思います。実際、いま中国から交換留学に来ている知り合いにもコンビニのバイトを勧めて、彼はがんばって働いてます」

菅沼君は約二年半でこれだけ見事に日本語を話せるようになったが、次は英語を話せるようになりたいという。

将来、航空会社で働きたいからというのも理由のひとつだが、コンビニ時代に出会ったミャンマー人の留学生に刺激を受けたからだという。

「彼は華僑の血が少し入っているのか、中国語が話せたのでビックリしたんです。それから英語もペラペラだったので、ミャンマー語と中国語と英語と日本語。それだけ話せるのに大学には興味がないらしくて、デザインの専門学校に行くんだって言ってました。なんだかもったいないという気もしたけど、なんていうか、彼に負けてられないなと思って僕も英語をがんばろうと思ってます」

菅沼君ならきっと何年もかけずに英語もマスターしてしまうはずだが、コンビニではいろいろな人がアルバイトをしていると改めて感じさせられた。

# 第七章　町を支えるピンチヒッター

## 人口が減り続ける日本

ご存じのように、日本の人口はすでに減り続けている。

日本の総人口がピークを迎えたのは二〇〇八年のことだ。それから十年が経ち、約一五〇万人少なくなった。平均すれば一年間で十五万人ずつ減ったことになる。減り方はそれほど急激なものではないように思える。

しかし、人口問題にも詳しい前出の毛受敏浩氏によると、「今後はジェットコースターのような勢いで減っていきます」という。

「いまはちょうど、ジェットコースターの先頭が下り坂にさしかかったあたり。これからそのスピードはぐんぐん加速していきます」

厚生労働省の研究機関である国立社会保障・人口問題研究所の推計では、東京オリンピックが開催される二〇二〇年には現在よりさらに一二〇万人以上減り、二十年後には東京の人口に匹敵する一三〇〇万人が減ると予測している。日本の総人口が一億人を割り込むのは二〇五三年。その後も毎年八十万～九十万人が確実に減っていくという試算だ。

また、国連は、現在世界十一位の日本の人口が二〇三〇年までにはフィリピンやエチオピアにも抜かれ、二一〇〇年には世界第二十九位に転落すると予想している。

日本はかつてどの国も経験したことのない猛烈なスピードで少子高齢化している国だ。しかも、ただの高齢化ではない。すでに四人に一人は六十五歳以上で、二〇三五年には三人に一人が高齢者という超高齢化社会になる。

つまり、このままいけば、今後、日本の人口が右肩上がりに増えていくことはないし、国が若返ることは絶対にない。

ちなみに日本の総人口というのは、在留外国人も含めた数である。この十年で日本に住む外国人が四十万人近く増えていることを加味すると、いま日本全体の人口減が比較的緩やかなカーブを描いている理由の裏には、外国人の増加がプラスに働いていることがわかる。

外国人の流入は、しばらくの間は続くはずだ。「はじめに」でベトナム人留学生のアイン君が指摘していたように、少なくとも東京オリンピックの翌年くらいまでは続くと考えて間違いないだろう。現在1・9%という在留外国人の割合も、その頃には3〜4%程度には増えているかもしれない。

だが、その流れもきっとそう長くは続かない。

オリンピックの後、多くの専門家が指摘しているように、おそらく日本の景気は悪化する。そうなれば、日本に来る外国人留学生の数は減り、これまで頼りにしていた外国人労働力もどんどん減っていき、日本の経済が音を立てて崩れていくような事態になるかもしれない。

## そして労働力の奪い合いがはじまる

近い将来、日本に来る外国人は減っていく。なぜか——。

短期的には、「学びながら働ける国」として魅力的だった日本の経済が後退すれば、当然、コンビニでアルバイトしていたような留学希望者が日本を目指す理由がなくなるからであり、同時に「外国人技能実習制度」を使って入国していたような人たちはもっと景気のいい国を選択するからだ。

そもそも長期的に見れば、これから人口が減っていく国は日本だけではない。労働人口＝生産年齢人口（十五歳～六十四歳）を考えると、日本はすでに一九九五年にピークを迎えている。ヨーロッパは二〇一〇年にピークを迎えた。そして、現在、日本にいちばん多く労働力を送り出している中国でさえ二〇一一年にすでにピークを迎えているのである。

そして中国の総人口もいよいよ二〇二五年ごろには減少しはじめると言われている。そうなれば中国から日本への労働力供給は加速度的にペースダウン、スケールダウンしていくだけでなく、周辺各国から労働力を求めはじめるだろう。また、ベトナムやネパールといった国々もそう遠くない未来に人口減のフェーズに突入する。

その結果、どうなるか。

労働力不足に陥った国々で働き手の奪い合いがはじまる。そして、国境を跨いだ労働力の移動はますます激しく、いよいよ複雑になっていくだろう。

そんな環境の中で、すでに〝老体〟となっている日本が勝ち残っていけるだろうか。老人ばかりの国で勉強したい、働きたいと思う外国人たちがどれほどいるだろうか。

おそらくわたしたちが考えている以上に事態は深刻である。

十年後にはコンビニの無人化も進んでいるだろうが、店内をうろうろする客は日本人の高齢者ばかりで、かつて若い外国人がたくさん働いていた様子を懐かしく思い出すのかもしれない。

## 〝国際都市〟新宿の取り組み

現在、新宿区には四万二〇〇〇人を超す外国人が住んでいる。区民全体の12%が外国人という割合である。出身国は実に一三一カ国・地域におよぶ。〝国際化〟という意味では間違いなく日本のいちばん先頭を進んでいる自治体だろう。

当然、新宿区では外国人住民に向けてさまざまな施策を行っている。

常設の外国人相談窓口があるだけでなく、タブレット端末を活用したテレビ通訳システムを導入している。また、戸籍住民課では常時、医療保険年金課では外国人留学生の入学時期に合わせて、それぞれ通訳による多言語対応をしている。印刷物などによる情報提供においても多言語化の充実を図っており、とくに「ゴミの出し方」に関するチラシは、英中韓のほかにベトナム語、ネパール語、ミャンマー語、フランス語、タガログ語、タイ語、アラビア語でも作成し、区のホームページからダウンロードできる仕組みになっている。

そのほか、国際交流イベントや教育や子育てに関する支援も盛んに行われているが、キーワードは〝多文化共生〟だ。日本人と外国人で構成する「多文化共生まちづくり会議」では、各期ごとにテーマを決め、新宿という街が抱えている課題を解決していこうとする取り組みが行われている。


歌舞伎町二丁目に建つ複合ビルにある「しんじゅく多文化共生プラザ」は、こうした新宿区の活動を象徴するような場所だ。区役所の多文化共生推進課に属する係としての位置づけになるそうで、二〇〇五年のオープン以来、いまでは日本人・外国人合わせて年間約二万人が利用するという。

所長の鍋島協太郎氏に話を伺った。

「最近はベトナム、ネパールの方々が増えているように感じますが、このプラザには本当にいろいろな国の外国人が来ます。まず『外国人相談コーナー』がありますので、窓口に相談に来る人もいますし、日本語学習コーナーやフリースペースで勉強をしている人もいます。それから定期的に『新宿区多文化共生連絡会』を開催していまして、地域住民や、町会、商店街振興組合、外国人コミュニティ、日本語教育機関、外国人支援や交流活動に携わるさまざまなNPO法人、NGO団体が参加し、年六回の会議とメールマガジンを通じて情報交換とネットワーク作りを行っています」

日本語教室も盛んで、取材した日も教室が開催されていたほか、フリースペースではボランティアの講師がマンツーマンで日本語を教えている姿があった。

新宿区では有料の日本語教室が十カ所で行われており、このプラザもそのうちの一カ所。学期制の教室で、週一回のコースであれば、授業料は現在一学期あたり二〇〇〇円の設定だ。これは授業料を低額に抑えることで多くの人に利用してもらえるようにする工夫である。プラザでは、このほかにも、予約不要で無料の日本語教室も週四日行われているという。

「ただ日本語学校とは違って、ここでは文法などを体系立てて教えることはしていません。ボランティアの方々が教えているのは、ボランティアの方の言葉を借りればサバイバルな日本語です。日常使う日本語を覚えてもらうことで、普段の生活や地域の人とのコミュニケーションに役立ててもらうことを目的としています」

外国人の割合が12%を超えるといっても、大多数の88%は日本人である。だからこそ、外国人住民に日本語を覚えてもらい近所の人と知り合いになることが大切だと鍋島氏は言う。

「生活の場では、お互いに顔が見える関係があるだけでトラブルを避けられる可能性があります。たとえばピアノの音。同じピアノの音でも、練習している子どもの顔を知っているのと知らないのとでは音も違って聞こえることがあります。また、ゴミ出しの仕方や曜日を間違えた時に会話ができないとトラブルに発展する可能性がありますが、近所の人と会話ができれば正しいゴミの出し方を教えてもらうこともできます」

生活の場で問題になるのは騒音やゴミの出し方だけではない。アパートやマンションなどの集合住宅であれば、自転車の停め方からドアの閉め方ひとつにいたるまでが〝問題〟になる可能性がある。

「そんなことしょっちゅうだよ」というのは大久保地区に三十年以上住んでいるという男性だ。

「中には日本人の常識では考えられないようなことをする外国人もいるわけよ。知り合いが住んでるアパートでも夜中の二時、三時に洗濯機を回すのがいるとか聞くし、週末になると友だちを呼んで酒盛りしたり、狭いベランダでバーベキューしちゃうんだって。注意しても直らないっていうんだから困ったもんだよね」

こうした問題も当の住民にしてみれば些細な問題ではない。

外野の人間が「お互いにもっと歩み寄って、コミュニケーションを図れば摩擦もなくなるはずだ」と言うのは簡単なことだ。

外国人住民が四割を占めるという大久保一・二丁目地域などは、居酒屋やレストランなどが立ち並ぶ表通りの商業区域と、一本路地を入った生活区域とでは見える風景もまったく違うのだろう。

共生という理想は簡単に実現できるものではない。

日本人同士でも、IターンやUターンで地方に移り住んだ新住民が旧住民と共生できず、地域のコミュニティで浮いてしまって、結局、夢見た田舎暮らしを諦めて都会に戻ってくるという話をよく聞く。

ましてや文化の違う外国人と日本人が隣近所に住むことになれば、ある種の摩擦が生じるのは避けがたいことなのかもしれない。

「異なる文化を持つ人との共生は、とくに生活の場面では時にとても厳しくなることがあります。そうした厳しさを少しでも緩和するために、まず日本での生活ルールを周知することが必要ですが、同時にコミュニケーションを促進することも大切だと思います。日本人同士でも隣近所の交流があることで生活が円滑になることがあるのと同じように、隣近所に住む外国人との交流が大切だと思うのです。コミュニケーションを図れば摩擦がなくなるというわけにはいきません。しかし、コミュニケーションがないと摩擦を解消するためのきっかけをつかむことも難しくなります。異なる文化を持つ人たちと顔見知りになる人が増え、地域でのコミュニケーションが促進されることで、少しずつすれ違いが減り、摩擦の緩和につながる可能性が生まれるのではないでしょうか」

近頃、あちこちで「ダイバーシティ（多様性）」という言葉が都合よく使われているのを目にするが、真の意味で多様性がプラスに作用すれば、新宿は日本でいちばん先進的で魅力的な街になるのではないだろうか。

## 多文化共生を推進する広島県・安芸高田市

地方にも「多文化共生」を掲げる自治体があると聞いて広島県に向かった。

広島県の北中部にある安芸高田市は広島市街からレンタカーで約一時間。市役所に向かう国道沿いには山と田んぼが広がる典型的な中山間地だ。

人口は三万人弱。二〇〇四年に合併した際には約三・四万人だった人口が十数年で一割以上減少したという。

「若い人は出て行くばっかりで、地元に残っとるのは私のような年寄りばかりでしょう。『正直、これからどうすればいいんじゃろ』と頭を抱えておりました」と言うのは浜田一義市長（74）だ。

このままではいずれ町がなくなってしまうという危機感のもと、浜田市長が改革に着手したのは二〇一〇年のことだ。

まずは市役所に多文化共生推進室を設置し、外国人の定住支援に向けて、英語、中国語、ポルトガル語の通訳を配置した。

「当時、数は少ないながらも実習生や日系ブラジル人が働いておったんですよ。しかし、そういう外国人を『いつか帰ってしまう人』ではなくて、『町を支えるピンチヒッター』と考えて、もっとたくさんの外国人に来てもらおうと考えたのです」

その後、浜田市長は「外国人市民と日本人市民が互いの違いを認め合い、支え合う町づくり」を基本理念とした「多文化共生推進プラン」を策定。多言語による生活ガイドブックをつくり、外国人のための相談窓口も設置した。

外国人と日本人が気軽に参加できる料理教室も開いた。また、分け隔てなく地域のイベントに参加することを勧め、お盆の祭りには練習段階から多くの実習生が参加しているという。日本人と外国人住民の垣根を低くすることが目的だった。

当初は日本人市民の間でも「多文化共生」という言葉自体がなかなか理解されなかったというが、広報誌でその必要性を繰り返し説き、市内の中学生を対象にした啓発授業も定期的に行った。

その結果、いまでは日系ブラジル人十二世帯が市内に家を新築し、外国人の数も六二〇人にまで増えた。外国人住民の割合は日本の全国平均の１・９％を上回っている。

しかし、浜田市長は日本人の人口減をそのまま外国人で埋めることができればいいとは考えていない。

「まずは、これまでの十年で三〇〇〇人減っていたものを半分の一五〇〇人減に止めたいと思っています。いま大事なのは外国人の数を増やすというよりは、ひとりでも安芸高田のファンを増やすことだと考えているからです。国に帰った実習生が『広島の安芸高田というところはよかったよ、住みやすかったよ』と口コミで広めてくれることが大事。せっかく日本に来たのに辛い目にあって日本を嫌いになられちゃ困る。長期的に考えれば、これから十年後、二十年後は日本中の自治体で外国人材の取り合いになると思いますが、そのときに安芸高田を選んでもらえるようにしておきたいのです」

全国の自治体に先駆けて「多文化共生」というポリシーを取り入れた山間の小さなまちの取り組みが注目されている。

「どこの自治体も人ごとじゃないんですよ。人口減や老老介護は全国共通の問題です。いまどき『ワシは外国人は苦手なんじゃゃ』とか言ってる場合ではないんです。『多文化共生』は私たちの必修科目なんです。近くに住めばもちろんいろんなことがありますよ。外国人のなかには日本語がほとんど話せない人もいますけれども、まずは触れ合ってみて、触れ合いの回数を増やしてみて、向こうが日本語をあまり話せないならこちらも中国語を学ぶ、ベトナム語を学ぶ、そういうことが大事なんです。育った国が違えば文化が違うのは当然です。でも、どうせ自分の町に住んでもらうなら、気持ちよく住んでもらいたいでしょう。まずはそこからスタートして、お互いを認めていくことが大事だと思っています」

## 日本初の公立日本語学校を開設した北海道・東川町

人口三万人の安芸高田市よりさらに規模の小さな自治体でも外国人を招く試みがはじまっている。

その町は全国的な知名度は低いが、逆に台湾ではかなり有名だと聞いたので、試しに台北にいる幼なじみの台湾人にＬＩＮＥで聞いてみたら、「北海道の写真の町」「留學生活のことで有名」「日本語學校もある」とすぐに返事が返ってきた。一緒に送られてきたホームページのＵＲＬをクリックしてみると、中国語だったので詳しくはわからなかったが、その町のオシャレなカフェが何軒か紹介されていた。

旭川空港から約五キロ、北海道の中部に位置する東川町は人口約八〇〇〇人。世界でも類を見ない〝写真の町〟として町おこしをしているが、少子化や人口減に悩む全国の自治体関係者にとっては憧れの町だという。

とくに目立った産業もない小さな町が注目を集めているのは、「ひがしかわ株主制度」

というユニークな仕組みで町の財政を支えていること、それから、この二十年で人口が確実に増加していることだ。

「ひがしかわ株主制度」とは、ひと言で言えば「ふるさと納税」の一種で、東川町を応援したいと思う人が投資（寄付）によって株主となり、町づくりに参加できるという制度。「写真の町整備事業」「オリンピック選手育成事業」「水と環境を守る森づくり事業」などさまざまなプロジェクトを選んで投資すれば、町内の施設を優待利用することができるだけでなく、野菜や米などの名産品の配当を受けることもできる。もちろん「ふるさと納税」として寄付金控除を受けることも大きな魅力だ。

　東川町もかつては人口減少に悩んでいた。

　一九五〇年をピークに町の人口は一万人を超えていたが、徐々に減っていき、一九九四年には七〇〇〇人を割り込んだ。しかし、その翌年からIターンなどによる移住者が増え続け、二〇一四年には四十二年ぶりに八〇〇〇人にまで回復したという。二〇一六年の国勢調査では、道内の人口増加率で堂々の二位になった。

　東川町の人口増の背景には、隣接する旭川市のベッドタウンとして人気が定着しつつあることが挙げられるが、行政による努力が大きい。

役場の定住促進課が積極的に移住を呼びかけるだけでなく、住居や子どもの教育の面でも受け入れ側の体制を整えている。役場が「日本一の子育て・教育のまちづくり」をモットーに掲げているだけあって、恵まれた子育て環境を理由に移住を決めた家族も多いという。

また町内で起業すれば、上限一〇〇万円として対象経費の三分の一以内を補助する制度も人気だ。この制度によって、カフェや飲食店、職人など若者の起業が増加しているそうだ。

そんな東川町で二〇一五年に開校したのが第五章の最後で触れた東川町立東川日本語学校だ。全国初の公立の日本語学校である。

アジアを中心に一～三カ月の短期留学生と六カ月～一年の中期留学生を受け入れていて、人口八〇〇〇人の町に常時二〇〇人程度の留学生がいる。

台湾の友人が送ってくれたＷｅｂサイトの記事では、短期留学が「遊學」として紹介されていて、日本語を学ぶだけでなく、写真教室や料理教室に参加したり、休みの日には「校外教學」として旭山動物園に行くこともできるし、旭岳のハイキングもできるとオススメされていた。

東川日本語学校では、このような観光の延長線上の短期プログラムから就業ビザ獲得を目指す本格的なプログラムまでさまざまなコースを用意している。

町立の日本語学校が誕生したそもそもの発端は、二〇〇九年にはじまった「短期日本語・日本文化研修事業」だという。過去に町の専門学校で学んだ韓国人留学生の提案からはじまったもので、制度開始から一八〇〇人以上の受講者を受け入れてきた。

さらに台湾で東川町の名を有名にしたのは、二〇一一年に実施された「震災支援お礼プロジェクト」だ。

東日本大震災の際、もっとも多額の寄付を寄せてくれた台湾の人々への謝意という趣旨で実施されたプロジェクトだが、東川町が約七〇〇〇万円の費用を負担し、小論文と写真で選考した二十五人を九十日間、町に無料で招待するという企画だった。当時、台湾のメディアでも注目され、二十五人の募集枠に一〇〇〇人以上が殺到したという。

町としては、日本人だけでなく外国人留学生も受け入れ、「共生」していくことで、地域の活性化につなげたい考えだ。

東川町の試みが優れているのは、留学生の呼び込みも現地の送り出し機関に一任せず、台湾をはじめ、タイ、中国、韓国にそれぞれ現地事務所を設けていること。これは人口一万人以下の町としては異例だという。八〇〇〇人規模の自治体で海外に複数の事務所を持っているのは全国でも東川町だけだ。

現地事務所に相談員として常駐しているのは、東川町の留学経験者。彼らが留学生をスクリーニングして送り出しているという。

東川町の試みは、こうしたきめ細やかな留学生受け入れ制度が八〇〇〇人規模の自治体でもできることを証明している。

さて、広島の安芸高田市と北海道の東川町という地方自治体が「多文化共生」に取り組む様子を紹介したが、最後に都会の団地で日本人と外国人が共生に取り組むケースを紹介したい。

## 十一カ国の外国人が暮らす「いちょう団地」

最初のケースは、神奈川の横浜市と大和市にまたがる「県営いちょう団地」。ここは、二十七万平米という敷地に約八十棟が林立する県下最大規模のマンモス団地で、現在は全三六〇〇世帯の約二割（約七二〇世帯）が外国人の世帯だという。

一九七三年の入居開始以降、当初は日本人だけだったが、一九八〇年代から外国人が徐々に増えはじめ、いまでは十カ国以上の人たちが暮らしている。

もともとは大和市が八〇年代にボートピープル（インドシナ難民）の受け入れをしていたことも背景にあるようだ。たしかに大和市にはベトナム食材店やベトナムレストランなども多い。

団地内を歩くと、ゴミの分別やバイクの進入禁止を呼びかける看板は、ベトナム語を筆頭に中国語など六つの言語で表記されている。

日本人は高齢者が目立つが、わいわい遊んでいる子どもたちも見かけた。団地内にある飯田北いちょう小学校には二八〇名ほどの児童がいる。そのうちの47％が外国籍の児童で、54％は外国にルーツを持っているという。

団地周辺には外国人を支援する団体も複数ある。そのなかのひとつ、「多文化まちづくり工房」では、外国人と日本人が交流をはかるためのイベントを定期的に開催するだけでなく、日本語教室や生活相談などを行っているそうだ。

## 学生たちが自治に参加する「芝園団地」

そして、もう一カ所取り上げたいのが、埼玉県川口市にある「UR川口芝園団地」だ。「いちょう団地」と同じく七〇年代に造成されたマンモス団地で、総戸数は二四五四戸。現在、約五〇〇〇人が住んでいるが、およそ半数が中国人だという。日本人住民は高齢者が多く、数年のうちには中国人住民のほうが多くなると言われている。しかし、数年前までは互いに交流がほとんどなく、団地内には「中国人帰れ」など差別的な落書きがあるなど、風紀も乱れていたという。

事前にそういう情報を仕入れていたので、現地に行くまではある程度の覚悟をしていたのだが、実際に団地を訪れてみるとイメージとは違った。

日曜の午後、テラスには若い夫婦や子どもたちが多く、普通の団地より活気があるように感じた。

「中国人住民は、都内のIT企業で働く人とか、若い夫婦が多いんですよね」と教えてくれたのは、「芝園かけはしプロジェクト」の圓山王国代表（25）だ。

この「芝園団地」が興味深いのは、外部の大学生たちが自治会の運営をサポートしているという点だ。二〇一五年に発足した学生団体「芝園かけはしプロジェクト」が住民同士の共生に一役買っている。

じつは第六章で話を聞いた菅沼君もメンバーの一員だ。菅沼君は中国語と日本語が話せるので重宝されている。

「地域の課題解決には『よそ者・若者・ばか者』が必要だと言われますが、外部の大学生だからこそお手伝いできることもあるのかなと思います」と圓山代表。

彼らは自治会と協力して、「多文化交流クラブ」を運営したり、団地内で「書道教室」や「料理教室」など定期的にイベントを行うなど、住民同士が交流できる場を作ろうとしている。

鈴木大志副代表（23）は「どう共生していくかというのが大事だと思っています」と言う。

「やっぱりちょっとした文化習慣の違いですれ違いが起きることもあるんですけど、『住みやすい団地にしたい』という思いは日本人も外国人も一緒だと思うので、がんばっていきたいなと思います。団地の夏祭りでは、日中友好をテーマに風鈴や短冊の飾り付けをしたのですが、日が落ちてライトアップしたときに、みんなが『きれいだ』って喜んでくれて。短冊にも『芝園団地が好き』とか『団地が暮らしやすい』と日本語でも中国語でも書いてあって。僕たちの活動も少しは役立ってるのかなと思いました」

「芝園かけはしプロジェクト」は現在、東京や埼玉の十一の大学の学生たち約三十人のほか、最近では高校生も加わり、活動の輪が大きくなってきている。


話を聞いた中で印象的だったのは、これまで中国人と関わったことがなかったという森下誠君（21）の言葉だ。

「中国人というと、『爆買い』とか『声が大きい』くらいしかイメージがなかったんですが、プロジェクトに参加して中国の人と話してみたら、いい意味で日本人とぜんぜん変わらないんだなと思いました。壁がまったくなくなったわけじゃないけど、壁がずいぶん薄くなった感じがします」

しんじゅく多文化共生プラザの鍋島所長が言っていたように、共生のキーになるのは「交流の経験」なのだろう。

まずは最初の一歩を踏み出すことからすべてがはじまるのかもしれない。すべての壁が取り払われることはないのかもしれないが、その壁をできるだけ薄く、できるだけ低くしていくことはできるに違いない。

# おわりに――取材を終えて

コンビニで働く外国人に最初に興味を持ったのは二〇一二年頃のことだ。

当時住んでいた浅草の周辺では、コンビニでアルバイトをする中国人スタッフがぽつぽつと増えはじめていた。東日本大震災以降、一時は外国人観光客の姿をほとんど見かけなくなった浅草で、また別の形で外国人を見かけるようになったと物珍しく感じていたのを覚えている。

それからわずか数年で状況は一変した。都心のコンビニでは外国人のいる風景が〝日常〟になった。

外国人が増えたのはコンビニだけでなく、スーパーや飲食店でもよく見かけるようになった。普段はわれわれの目に触れることのない深夜の食品工場や宅配便の集配センター、オリンピック会場の建設現場、地方の農家、さらには漁船の上でもいまや大勢の外国人が働いている。

日本で働く外国人は増加の一途をたどっている。

二〇一六年には外国人労働者の数がついに一〇〇万人を超えた。そのうちの四万人以上がコンビニでアルバイトをしている。そんな彼らを今回は〝わたしたちの日常でもっとも身近な外国人労働者〟と捉えて、七章にわたってレポートしてきた。

約一年におよんだ取材の中で、じつに多くの外国人から話を聞いた。出身国もさまざまで、改めて数えてみると十二カ国・地域にもなる。日本人を含めれば優に一〇〇名以上の方々に取材協力していただいた。話を聞いていながら紙面に反映できなかったことも多く、この場を借りてお詫びとお礼を申し上げたい。

取材を続けるうちに、こちらの考えもだんだん変化していったように思う。

当初の問題意識は、昨今のヨーロッパの移民問題などを鑑みながら「外国人労働者を受け入れるべきか／受け入れざるべきか」という二者択一の紋切り型のものだったが、すでにそういうことを言っている状況にないこともわかってきた。

現実として一〇〇万人以上の外国人が日本で働いているのである。現状を知るほどに、

〝その先〟のことを考えなければならないと思うようになった。考えるために、まずは話を聞いてみようと思った。

コンビニで働く彼らの多くは留学生だ。

大学院で経済学を学ぶエリート留学生もいれば、「留学生」とは名ばかりの〝出稼ぎ留学生〟もいる。中には風俗産業に身を沈めてしまった元留学生もいる。紹介できたのはほんの一部だが、実にいろいろな人たちがそれぞれの理由で日本に来てコンビニで働いていることがわかった。

取材をはじめた頃は、コンビニで働く彼らの多くが留学生であることも知らなかった。さらに、多額の借金を背負って来日していることなど考えも及ばなかった。

借金を返すためには当然働かなければならないが、「週二十八時間」というルールを守っていたのでは、借金を返済しながら学費や生活費を捻出することは難しい。ルールを破れば不法就労者として母国に強制送還されてしまう……。真面目な学生ほど生活は困窮していく。

そうした留学生を支援・救済するセーフティーネットづくりは、一部の自治体や弁護士団体、NPOなどが取り組んでいるが、十分に機能しているとは言い難い。

彼らの置かれている環境を知れば知るほど「何かが間違っている」という思いが強くなった。

一部には留学生のアルバイトの制限時間を週二十八時間から三十五時間、もしくは四十時間に拡大しようとする動きもある。しかし、根本的な解決にはならないだろう。週に四十時間まで働けるということになれば、一般的なサラリーマンと同じ労働時間になってしまう。むしろ〝出稼ぎ留学生〟を増やしてしまうことになりかねない。


コンビニで働いている留学生に話を聞くと、彼らの多くは「日本はいい国」だと言う。「日本人はみんな優しい」と言う。半分リップサービスなのはわかっているつもりだ。それでも彼らが日本を褒めるほど申し訳ないような気持ちになった。

安芸高田市の浜田市長は、「今後、ウチのような過疎の自治体が生き残っていく道は世界中に外国人のファンを作ることだ」と言っていた。国という単位で考えた場合も、日本のファンを世界中に増やしていくことが大切なのだろう。ファンを増やすことが日本の将来にプラスに作用するはずだ。

しかし、いま、外国人留学生にまつわる問題は複雑に絡み合っていて、糸口をひとつほどいてもつながる先にはまた別の混沌と暗闇がある。夢半ばにして借金とともに日本を後にする元留学生も少なくない。

すべての問題が解決されるのは、ひょっとすると日本が外国人から愛想をつかされて、誰も日本を目指さなくなったときかもしれない。そのとき、日本は労働力不足でにっちもさっちも行かなくなっているような気もする。だが、諦めてはいけないのだと思う。こんがらがった糸は丁寧にほどいていかなければならない。

最後に私事で恐縮だが、大学の卒論は移民を対象にしたものだった。

明治初期から昭和にかけて、一〇〇万人以上の日本人がハワイや中南米に向けて海を渡った。卒論の調査では、戦前に沖縄からハワイへ渡った移民一世の夫婦や出国手続きをしていたホテルの支配人にも話を伺った。

彼らの時代から数十年が経ち、ヒトの流れは逆転した。日本は送り出す側から受け入れる側になった。

学生時代は沢木耕太郎の『深夜特急』に感化されて、世界中のあちこちをまわった。いろんな国の人たちと話すのが楽しかった。それがいまでは近くのコンビニに行けば、彼らが働いている。しかも、日本語で話すことができる。

取材を続ける中で、コンビニで働く外国人を見かけると会計の途中で出身地を尋ねるのが癖になった。今日立ち寄った都心のコンビニでは中国、ベトナム、ウズベキスタン出身のスタッフが働いていた。別の店ではネパール人とスリランカ人が働いていた。

顔見知りになったアルバイトの留学生とは会計のたびに二言三言交わすようになった。商品を受け取ったときには「ありがとう」とひと言添えるようにしている。彼らの心に一瞬でも日本語の温かさが染み込んでくれたらと思う。

いま、この原稿を書いているのは午前四時すぎだ。外は真っ暗だが、こんな時間でも全国のコンビニでは多くの外国人スタッフが働いている。

芹澤健介　1973（昭和48）年沖縄県生まれ。横浜国立大学経済学部卒。ライター、編集者、構成作家。ＮＨＫ国際放送の番組制作にも携わる。著書に『血と水の一滴　沖縄に散った青年軍医』、共著に『死後離婚』など。

Ⓢ新潮新書

767

コンビニ外国人《がいこくじん》

著　者　芹澤健介《せりざわけんすけ》

2018年５月20日　発行

発行者　佐　藤　隆　信
発行所　株式会社新潮社
〒162-8711　東京都新宿区矢来町71番地
編集部(03)3266-5430　読者係(03)3266-5111
http://www.shinchosha.co.jp

図版製作　株式会社クラップス
印刷所　株式会社光邦
製本所　憲専堂製本株式会社


ISBN978-4-10-610767-2　C0236

価格はカバーに表示してあります。